2022

Training

Abschlussprüfung

W0290858

Realschule Niedersachsen

Englisch

STARK

Bildnachweis

Deckblätter
S. 1 Deckblatt „Kurzgrammatik" © Africa Studio. Shutterstock
S. 31 Deckblatt „Übungsaufgaben zum Grundwissen" © 123rf.com
S. 61 Deckblatt „Übungsaufgaben zu den Prüfungsbereichen" © Willselarep | Dreamstime.com
S. 187 Deckblatt „Abschlussprüfung" © wavebreakmedia. Shutterstock

Grundwissen Grammatik
S. 34 Familie auf Campingplatz © Landd09 | Dreamstime.com
S. 36 Lehrerin © Multiart61 | Dreamstime.com
S. 37 Eisverkäufer © Paul Jenkinson
S. 39 Ellis Island © Everett Historical. Shutterstock
S. 40 Mädchen © Luminis | Dreamstime.com
S. 42 Kletterer © Olivier Tuffé – Fotolia.com; Windsurfer © gringito – sxc.hu; Reiterin © Krzyssagit | Dreamstime.com
S. 43 Hintergrund „Party Night" © Janski | www.photocase.de
S. 45 Pokal © zentilia | 123RF; Teddybär © AM-STUDIO. Shutterstock
S. 46 Disney-Figuren © Anthony Totah Jr. | Dreamstime.com
S. 47 Schild eines Obdachlosen © Digitalpress | Dreamstime.com

Grundwissen Wortschatz
S. 57 Stegosaurus © Ozja. Shutterstock
S. 59 Mann © Stephanie Horrocks | iStockphoto

Listening
S. 66ff. Illustrationen © Paul Jenkinson
S. 67 Business Class © Richair | Dreamstime.com; Economy Class (1B/C) © Aleksandr Kurganov | Dreamstime.com; Taxi © Roland Nagy | Dreamstime.com; Bus © Tupungato | Dreamstime.com; Zug © Jules Selmes. Pearson Education Ltd
S. 68 London © QQ7. Shutterstock; Strand © MartiniDry. Shutterstock; Park © Debbie Rowe. Pearson Education Ltd; Flughafen © Rob Wilson. Shutterstock; Café © Kevin George | Dreamstime.com; Wohnzimmer © Ambient Ideas. Shutterstock; Taxis © Innershadows | Dreamstime.com; Frühstücksbüffet © Supparsorn Wantarnagon | Dreamstime.com; Bänke © Tupungato | Dreamstime.com
S. 72 Gold Nugget © Steffen Foerster. Shutterstock
S. 73 Kind © Nikol Senkyrikova | Dreamstime.com

Reading
S. 82 Mountainbike © 123rf.com; Feuerstelle © Valery Ivashchenko | Dreamstime.com; Flugzeug © WojciechBeczynski. Shutterstock; Handtasche © Zaclurs | Dreamstime.com
S. 83 Architekt © Can Stock Photo Inc./michaeljung; Pärchen © Can Stock Photo Inc./mimagephotography; Familie © Can Stock Photo Inc./Goodluz
S. 84 junger Mann © Can Stock Photo Inc./photography33; junge Frau © Leonardo2012 | Dreamstime.com
S. 87 Harry © Mikie Flippo. Shutterstock; Brooke © kurhan. 123rf.com; Amy © stockyimages. Shutterstock; Rory © Lasse Kristensen. Shutterstock; Harper © Kinga. Shutterstock
S. 88 Blut © Can Stock Photo/Lonely11
S. 89 George Washington © Scott Catron, lizensiert unter CC-BY-2.5
S. 90 Mädchen © Can Stock Photo Inc./keeweeboy
S. 92 Junge mit Fußball © Woraphon Banchobdi | Dreamstime.com
S. 94 Sydney © Taras Vyshnya. Shutterstock; indisches Essen © Alex Hubenov. Shutterstock; Wal © Sasin Tipchai. Shutterstock; Kreuzfahrtschiff © Finadiz | Dreamstime.com
S. 97 Junge © Gualtiero Boffi | Dreamstime.com

Mediating
S. 104f. Schilder @ Paul Jenkinson
S. 107 Ernte © 123rf.com; Schafe © Tania Zbrodko. Shutterstock
S. 108 Schilder (Aufgabe 5) © Paul Jenkinson
S. 111 afrikanisches Dorf © Paul Jenkinson
S. 112 Würstchenbude © Paul Jenkinson
S. 117 Straßencafé © Giancarlo Liguori. Shutterstock
S. 118 Begrüßung © Jules Selmes. Pearson Education Ltd
S. 120 Sonne © LEWEB. Shutterstock
S. 122 Fenster © Jürgen Fälche – Fotolia.de; München © Stefan Kühn, lizensiert unter CC BY-SA 3.0; Mädchen beim Schaukeln © Pavel Lysenko – Fotolia.de; Restaurant © Sebastian Czapnik | Dreamstime.com
S. 123 Quadfahren im Schlamm © Can Stock Photo/BrandonSeidel; Quadfahren am Strand © Can Stock Photo/james74

Writing
S. 135 Junge nach Mobbingvorfall © mandy godbehear | 123RF
S. 138 Piloten © Tea | Dreamstime.com
S. 142 London © Debbie Row. Pearson Education Ltd
S. 145 Briefumschläge mit E-Mail-Symbol © Can Stock Photo Inc./vasabii
S. 146 Schnipsel © 123rf.com
S. 146/151 Hintergrund Brief © 123rf.com
S. 149 Frau © PathDoc. Shutterstock; Baustelle © Devin_Pavel. Shutterstock; Hotelzimmer © Dreamshot | Dreamstime.com; Kakerlake © 607708. Shutterstock
S. 152 Golden Gate Bridge © Jay Beiler | Dreamstime.com; Cable Car © Minyun Zhou | Dreamstime.com
S. 155 Tagebuch © Dana Rothstein | Dreamstime.com;
S. 156 Schreiben © Ditty_about_summer. Shutterstock
S. 158 Mädchen mit Smartphone © Syda Production | Dreamstime.com
S. 159 Mädchen mit Gedankenblasen © Martinmark | Dreamstime.com
S. 160 Smartphone © bloomua. Shutterstock

Speaking
S. 168 zwei Frauen © Jan Martin Will | Dreamstime.com
S. 170 Mädchen vor Computer © Monkey Business Images Ltd. | Dreamstime.com; Kinder im Klassenzimmer © Dawn Shearer Simonetti. Shutterstock;
S. 172 Notizzettel © amasterphotographer. Shutterstock; Mädchen im Klassenzimmer © Emil Kudahl Christensen | Dreamstime.com; World AIDS Day © Allies Interactive Services Private Limited | Dreamstime.com; Holzzug © Ntcandrej | Dreamstime.com; Hund © Susan Schmitz. Shutterstock; Umweltschützer*innen © Wavebreakmedia Ltd | Dreamstime.com

Weitere Fotos und Grafiken © Stark Verlag

Die Hintergrundgeräusche in den Hördateien (Übungsaufgaben) stammen aus folgenden Quellen: freesound, pacdv, soundsnap

16. ergänzte Auflage
www.stark-verlag.de

Inhalt

Das Corona-Virus hat auch im vergangenen Schuljahr die Prüfungsabläufe beeinflusst. Um dir die Prüfung 2021 schnellstmöglich zur Verfügung stellen zu können, bringen wir sie in digitaler Form heraus. Sobald die Original-Prüfungsaufgaben 2021 zur Veröffentlichung freigegeben sind, kannst du sie als PDF auf der Plattform MyStark herunterladen (Zugangscode vgl. vorne im Buch).

MP3-Dateien

Hinweis: Die MP3-Dateien kannst du ebenfalls über die Plattform MyStark abrufen.

Listening tests 1–12 gesprochen von: Eva Adelseck, Esther Gilvray, Rees Jeannotte, Daria Kozlova, Jennifer Mikulla, Julian Powell, Ben Tendler, Roger Voight

Autorinnen und Autoren

Kurzgrammatik:	Redaktion
Grundwissen:	Patrick Charles, Walter Düringer, Elke Lüdeke, Paul Jenkinson, Redaktion
Listening:	Paul Jenkinson, Redaktion
Reading:	Paul Jenkinson, Redaktion
Mediating:	Paul Jenkinson, Redaktion
Writing:	Heinz Gövert, Paul Jenkinson, Caroline Neu-Costello, Redaktion
Speaking:	Birte Bendrich, Paul Jenkinson, Redaktion

Sollten nach Erscheinen dieses Bandes noch wichtige Änderungen in der Abschlussprüfung vom Kultusministerium bekannt gegeben werden, findest du aktuelle Informationen dazu ebenfalls auf der Plattform MyStark.

Vorwort

Liebe Schülerin, lieber Schüler,

dieses Buch hilft dir bei der selbstständigen und langfristigen Vorbereitung auf **Klassenarbeiten und die Prüfung zum Erwerb des Realschulabschlusses** im Fach Englisch. Du kannst mit dem Band bereits **ab der 9. Klasse** arbeiten, um dein Grundwissen in den Bereichen Wortschatz und Grammatik zu wiederholen und dich mit den verschiedenen Prüfungsbereichen im Fach Englisch vertraut zu machen.

- In der **Kurzgrammatik** zu Beginn des Buches werden alle wichtigen grammatischen Themen knapp erläutert und an Beispielsätzen veranschaulicht. Hier kannst du nachschlagen, wenn du in der Grammatik einmal unsicher sein solltest.
- Zusätzlich zu den Erklärungen im Buch kannst du dir **Lernvideos** zu einigen grammatischen Strukturen, mit denen erfahrungsgemäß viele Lernende Schwierigkeiten haben, ansehen. Darüber hinaus gibt es auch ein Video zum effektiven Vokabellernen mit anschaulichen Erklärungen zu verschiedenen Lernstrategien. Zu Beginn des Buches findest du einen Link sowie deinen persönlichen Zugangscode, mit dem du die Lernvideos und alle weiteren digitalen Inhalte auf der **Plattform MyStark** freischalten kannst. Mithilfe deines Smartphones oder Tablets kannst du außerdem den QR-Code scannen, um schnell und einfach zu den Lernvideos zu gelangen.

Lernvideos

- Im Bereich „**Grundwissen**“ kannst du deine **Grammatikkenntnisse wiederholen** und ausbauen sowie **deinen Wortschatz festigen** und erweitern.
- Die folgenden Kapitel widmen sich den Kompetenzbereichen, die Teil deiner **schriftlichen Abschlussprüfung** sind: *Listening*, *Reading*, *Mediating* und *Writing*. In den ersten Abschnitten erfährst du jeweils, welche Anforderungen auf dich zukommen können und wie du dich am besten darauf vorbereitest. Anhand der **Übungen** kannst du trainieren, wie man mit möglichen Aufgabenstellungen umgeht und wie man sie erfolgreich löst.
- Neben zahlreichen Aufgaben findest du das Symbol für „interaktive Aufgabe“. Es zeigt dir, welche der Übungen im **ActiveBook** enthalten sind. Hast du den Band mit interaktivem Prüfungstraining gekauft (Best.-Nr. 31550ML), so kannst du diese Aufgaben auch am Computer oder Tablet bearbeiten, wenn du dich auf MyStark angemeldet hast.
- Eine Auswahl **hilfreicher Wendungen**, die dir in den unterschiedlichsten Bereichen nützlich sein werden, erleichtert dir das selbstständige Verfassen von Texten sowie die Vorbereitung auf den *Speaking Test*. Auch diese wichtigen Wortschatzelemente kannst du digital üben. Die sogenannten „MindCards“, interaktive Vokabelkärtchen, sind für die Arbeit am Smartphone oder Tablet bestens geeignet. Du kannst sie über die QR-Codes oder über die beiden Links auf der nächsten Seite einfach und schnell abrufen:

MindCards Writing

https://www.stark-verlag.de/mindcards/writing-1
https://www.stark-verlag.de/mindcards/speaking-1

MindCards Speaking

- Im Kapitel *Speaking* erfährst du, wie du dich effektiv auf diesen Kompetenzbereich vorbereitest. Neben Informationen zum Aufbau des **„oral exam"** enthält das Kapitel Übungsaufgaben, mit denen du deine Sprechfertigkeit trainieren kannst.
- Am Ende des Buches findest du die **Original-Aufgaben der Abschlussprüfung 2020**. Die **Prüfungsaufgaben 2021** stehen dir auf der Plattform MyStark zum Download zur Verfügung. Anhand der Original-Aufgaben kannst du deine Kenntnisse „unter Prüfungsbedingungen" testen.
  Beachte, dass 2021 der Bereich „Sprachmittlung" nicht geprüft wurde. Zur optimalen Vorbereitung auf deine Abschlussprüfung solltest du deshalb unbedingt die Aufgaben zum „Mediating" in der Prüfung 2020 bearbeiten.
- Zu den **Hörverstehenstexten** gelangst du ebenfalls über die Plattform MyStark.

In einem separaten Band (Best.-Nr. 31550L) gibt es zu allen Aufgaben dieses Buches **ausführliche Lösungsvorschläge** mit **hilfreichen Tipps**.

Eine umfangreiche **Sammlung von Original-Prüfungsaufgaben** mit Lösungsvorschlägen enthält übrigens der Band „Original-Prüfungen Realschule – Englisch – Niedersachsen" (Best.-Nr. 315501). Er ist insbesondere für die **Vorbereitungsphase unmittelbar vor der Abschlussprüfung** gedacht und hilft dir dabei, noch mehr Sicherheit im Umgang mit Prüfungsaufgaben zu gewinnen.

Viel Spaß beim Üben und viel Erfolg in der Prüfung!

Kurzgrammatik

Kurzgrammatik

Damit du die für deine Klassenarbeiten und deine Abschlussprüfung relevanten Grammatikbereiche noch einmal wiederholen kannst, findest du hier die wichtigsten Grammatikregeln mit prägnanten Beispielen. Zu einigen Themen stehen dir zusätzlich Lernvideos ▶ zur Verfügung. Die mit * gekennzeichneten Bereiche der Grammatik musst du nicht aktiv beherrschen. Sie werden hier erklärt, damit du sie leichter verstehen kannst, falls sie einmal in einem Lese- oder Hörtext auftauchen sollten. Im Kapitel „Grundwissen – Grammatik" erhältst du weitere Tipps, wie du mit dieser Kurzgrammatik arbeiten kannst.

1 Besonderheiten einiger Wortarten

1.1 Adjektive und Adverbien – *Adjectives and Adverbs*

Bildung und Verwendung von Adverbien – *Formation and Use of Adverbs*

Bildung Adjektiv + *-ly*	glad → gladly
Ausnahmen: • *-y* am Wortende wird zu *-i*	easy → easily funny → funnily
• auf einen Konsonanten folgendes *-le* wird zu *-ly*	simple → simply horrible → horribly probable → probably
• auf einen Konsonanten folgendes *-ic* wird zu *-ically*	fantastic → fantastically
Ausnahme:	public → publicly
Beachte • Unregelmäßig gebildet wird:	good → well
• Endet das Adjektiv auf *-ly*, so kann kein Adverb gebildet werden; man verwendet deshalb: *in a* + Adjektiv + *manner/way*.	friendly → in a friendly manner
• In einigen Fällen haben Adjektiv und Adverb dieselbe Form.	daily, early, fast, hard, long, low, weekly, yearly
• Manche Adjektive bilden zwei Adverbformen, die sich in der Bedeutung unterscheiden, z. B.:	
Adj./Adv. – **Adv. auf -ly**	
hard – *hardly* schwierig, hart – kaum	The task is hard. (adjective) *Die Aufgabe ist schwierig.* She works hard. (adverb) *Sie arbeitet hart.* She hardly works. (adverb) *Sie arbeitet kaum.*
late – *lately* spät – neulich, kürzlich	
near – *nearly* nahe – beinahe	

Verwendung

Adverbien bestimmen

- Verben,
- Adjektive,
- andere Adverbien oder
- einen ganzen Satz

näher.

She easily found her brother in the crowd.
Sie fand ihren Bruder leicht in der Menge.

This band is extremely famous.
Diese Band ist sehr berühmt.

He walks extremely quickly.
Er geht äußerst schnell.

Fortunately, nobody was hurt.
Glücklicherweise wurde niemand verletzt.

Beachte

Nach bestimmten Verben steht nicht das Adverb, sondern das Adjektiv:

- Verben, die einen **Zustand** ausdrücken, z. B.:

to be	sein
to seem	scheinen
to stay	bleiben

Everything seems quiet.
Alles scheint ruhig (zu sein).

- Verben der **Sinneswahrnehmung**, z. B.:

to feel	sich anfühlen
to look	aussehen
to smell	riechen
to sound	sich anhören
to taste	schmecken

This dress looks fantastic!
Dieses Kleid sieht toll aus!

Steigerung des Adjektivs – *Comparison of Adjectives*

Bildung

Man unterscheidet:

- Grundform / Positiv *(positive)* — Peter is young.
- 1. Steigerungsform / Komparativ *(comparative)* — Jane is younger.
- 2. Steigerungsform / Superlativ *(superlative)* — Paul is the youngest.

Steigerung auf *-er, -est*

- einsilbige Adjektive
- zweisilbige Adjektive, die auf *-er, -le, -ow* oder *-y* enden

old	older	oldest
alt	*älter*	*am ältesten*
clever	cleverer	cleverest
klug	*klüger*	*am klügsten*
simple	simpler	simplest
einfach	*einfacher*	*am einfachsten*
narrow	narrower	narrowest
eng	*enger*	*am engsten*
funny	funnier	funniest
lustig	*lustiger*	*am lustigsten*

Beachte			
• stummes *-e* am Wortende entfällt	simple	simpler	simplest
• nach einem Konsonanten wird -y am Wortende zu *-i-*	funny	funnier	funniest
• nach kurzem betontem Vokal wird ein Konsonant am Wortende verdoppelt	fit	fitter	fittest

Steigerung mit *more …, most …*			
• zweisilbige Adjektive, die nicht auf *-er, -le, -ow* oder *-y* enden	useful *nützlich*	more useful *nützlicher*	most useful *am nützlichsten*
• Adjektive mit drei und mehr Silben	difficult *schwierig*	more difficult *schwieriger*	most difficult *am schwierigsten*

Unregelmäßige Steigerung

Die unregelmäßig gesteigerten Adjektive muss man auswendig lernen. Einige wichtige Adjektive sind hier angegeben:

good *gut*	better *besser*	best *am besten*
bad *schlecht*	worse *schlechter*	worst *am schlechtesten*
many *viele*	more *mehr*	most *die meisten*
much *viel*	more *mehr*	most *am meisten*
little *wenig*	less *weniger*	least *am wenigsten*

Steigerungsformen im Satz – *Sentences with Comparisons*

Bildung

Es gibt folgende Möglichkeiten, Steigerungen im Satz zu verwenden:

- **Grundform:**
  Zwei oder mehr Personen oder Sachen sind **gleich oder ungleich**:
  (not) as + Grundform des Adjektivs + *as*

  Anne is as tall as John.
  Anne ist genauso groß wie John.

  John is not as tall as Steve.
  John ist nicht so groß wie Steve.

- **Komparativ:**
  Zwei oder mehr Personen oder Sachen sind **verschieden** (größer / besser / …):
  Komparativ des Adjektivs + *than*

  Steve is taller than Anne.
  Steve ist größer als Anne.

- **Superlativ:**
  Eine Person oder Sache wird **besonders hervorgehoben** (der / die / das größte / beste / …):
  the + Superlativ des Adjektivs

  Steve is one of the tallest boys in class.
  Steve ist einer der größten Jungen in der Klasse.

Steigerung des Adverbs – *Comparison of Adverbs*

Adverbien können wie Adjektive auch gesteigert werden.

- Adverbien auf *-ly* werden mit *more, most* bzw. mit *less, least* gesteigert.

  She talks more quickly than John.
  Sie spricht schneller als John.

- Adverbien, die dieselbe Form wie das Adjektiv haben, werden mit *-er, -est* gesteigert.

fast	faster	fastest
early	earlier	earliest

- Manche Adverbien haben unregelmäßige Steigerungsformen, z. B.:

well	better	best
badly	worse	worst
little	less	least
much	more	most

Die Stellung von Adverbien im Satz

Adverbien können verschiedene Positionen im Satz einnehmen:

- Am **Anfang des Satzes**, vor dem Subjekt *(front position)*

  Tomorrow, he will be in London.
  Morgen [betont] wird er in London sein.

  Unfortunately, I can't come to the party.
  Leider kann ich nicht zur Party kommen.

- **Im Satz** *(mid position)*:
  vor dem Vollverb

  She often goes to school by bike.
  Sie fährt oft mit dem Rad in die Schule.

  nach *to be*

  She is already at home.
  Sie ist schon zu Hause.

  nach dem ersten Hilfsverb

  You can even go swimming there.
  Man kann dort sogar schwimmen gehen.

- Am **Ende des Satzes** *(end position)*

  He will be in London tomorrow.
  Er wird morgen in London sein.

  Gibt es mehrere Adverbien am Satzende, so gilt die **Reihenfolge**:
  Art und Weise – Ort – Zeit
  (manner – place – time)

  The snow melts slowly in the mountains at springtime.
  Im Frühling schmilzt der Schnee langsam in den Bergen.

1.2 Artikel – *Article*

Der **bestimmte Artikel** steht, wenn man von einer **ganz bestimmten Person oder Sache** spricht.

The cat is sleeping on the sofa.
Die Katze schläft auf dem Sofa. [nicht irgendeine Katze, sondern eine bestimmte]

Beachte
Der bestimmte Artikel steht **immer** bei:

- **abstrakten Begriffen**, die näher erläutert sind

  The agriculture practised in the USA is very successful.
  Die Landwirtschaft, wie sie in den USA praktiziert wird, ist sehr erfolgreich.

• **Gebäudebezeichnungen**, wenn man vom Gebäude selbst spricht	The school should be renovated soon. *Die Schule (= das Schulgebäude) sollte bald renoviert werden.*
• **Eigennamen im Plural** (z. B. bei Familiennamen, Gebirgen, Inselgruppen, einigen Ländern)	the Johnsons, the Rockies, the Hebrides, the Netherlands, the USA
• Namen von **Flüssen** und **Meeren**	the Mississippi, the North Sea, the Pacific Ocean

Der **unbestimmte Artikel** steht, wenn man von einer **nicht näher bestimmten Person oder Sache** spricht.	A man is walking down the road. *Ein Mann läuft gerade die Straße entlang. [irgendein Mann]*
Beachte Der unbestimmte Artikel steht **immer** bei: • **Berufsbezeichnungen** und **Nationalitäten**	She is an engineer. *Sie ist Ingenieurin.* He is a Scot(sman). *Er ist Schotte.*
• Zugehörigkeit zu einer **Religion** oder **Partei**	She is a Catholic. *Sie ist katholisch.*

Es steht **kein Artikel** bei: • **nicht zählbaren** Nomen wie z. B. **Stoffbezeichnungen**	Gold is very valuable. *Gold ist sehr wertvoll.*
• **abstrakten Nomen** ohne nähere Bestimmung	Buddhism is widespread in Asia. *Der Buddhismus ist in Asien weitverbreitet.*
• **Bezeichnungen für Gruppen von Menschen**, z. B. *man (= der Mensch bzw. alle Menschen), society*	Man is responsible for global warming. *Der Mensch ist für die Klimaerwärmung verantwortlich.*
• **Institutionen**, z. B. *school, church, university, prison*	School starts at 9 a.m. *Die Schule beginnt um 9 Uhr.*
• **Mahlzeiten**, z. B. *breakfast, lunch*	Dinner is at 8 p.m. *Das Abendessen ist um 20 Uhr.*
• *by* + **Verkehrsmittel**	I went to school by bike. *Ich fuhr mit dem Fahrrad zur Schule.*
• **Personennamen** (auch mit Titel) oder **Verwandtschaftsbezeichnungen**, die wie Namen verwendet werden	Tom, Mr Scott, Queen Elizabeth II, Dr Hill, Dad, Uncle Harry
• Bezeichnungen für **Straßen**, **Plätze**, **Brücken**, **Parkanlagen**	Fifth Avenue, Trafalgar Square, Westminster Bridge, Hyde Park
• Namen von **Ländern**, **Kontinenten**, **Städten**, **Seen**, **Inseln**, **Bergen**	France, Asia, San Francisco, Loch Ness, Corsica, Ben Nevis

1.3 Pronomen – *Pronouns*

Possessivbegleiter und -pronomen – *Possessive Adjectives and Pronouns*

„Possessiv" bedeutet **besitzanzeigend**.
Man verwendet diese Formen, um zu sagen, **wem etwas gehört**.
Man unterscheidet Possessivbegleiter, die mit einem Substantiv stehen, und Possessivpronomen (sie ersetzen ein Substantiv):

mit Substantiv	ohne Substantiv		
my	*mine*	This is my bike. –	This is mine.
your	*yours*	This is your bike. –	This is yours.
his/her/its	*his/hers/–*	This is her bike. –	This is hers.
our	*ours*	This is our bike. –	This is ours.
your	*yours*	This is your bike. –	This is yours.
their	*theirs*	This is their bike. –	This is theirs.

Reflexivpronomen – *Reflexive Pronouns*

Reflexivpronomen (*reflexive pronouns*), also **rückbezügliche Fürwörter**, **beziehen sich auf das Subjekt** des Satzes **zurück**:

myself	I will buy myself a new car.
yourself	You will buy yourself a new car.
himself / herself / itself	He will buy himself a new car.
ourselves	We will buy ourselves a new car.
yourselves	You will buy yourselves a new car.
themselves	They will buy themselves a new car.

Beachte

- Einige Verben stehen ohne Reflexivpronomen, obwohl im Deutschen mit „mich, dich, sich etc." übersetzt wird.

  I apologize …
  Ich entschuldige mich …
  He is hiding.
  Er versteckt sich.

- Einige Verben können sowohl mit einem Objekt als auch mit einem Reflexivpronomen verwendet werden. Dabei ändert sich die Bedeutung, z. B. bei *to enjoy* und *to help*.

  He is enjoying the party. (Verb mit Objekt)
  Er genießt die Party.
  She is enjoying herself. (Verb mit Pronomen)
  Sie amüsiert sich.
  He is helping the child. (Verb mit Objekt)
  Er hilft dem Kind.
  Help yourself! (Verb mit Pronomen)
  Bedienen Sie sich!

Reziprokes Pronomen – *Reciprocal Pronoun* ("each other / one another")

each other / one another ist unveränderlich. Es bezieht sich auf **zwei oder mehr Personen** und wird mit „sich (gegenseitig)" / „einander" übersetzt.

They looked at each other and laughed.
Sie schauten sich (gegenseitig) an und lachten.
oder:
Sie schauten einander an und lachten.

Beachte
Einige Verben stehen ohne *each other*, obwohl im Deutschen mit „sich" übersetzt wird.

to meet	*sich treffen*
to kiss	*sich küssen*
to fall in love	*sich verlieben*

1.4 Präpositionen – *Prepositions*

Präpositionen *(prepositions)* sind Verhältniswörter. Sie drücken **räumliche, zeitliche oder andere Arten von Beziehungen** aus.

The ball is under the table.
He came home after six o'clock.

Die wichtigsten Präpositionen mit Beispielen für ihre Verwendung:

- *at*
  Ortsangabe: *at home* — I'm at home now. *Ich bin jetzt zu Hause.*
  Zeitangabe: *at 3 p.m.* — He arrived at 3 p.m. *Er kam um 15 Uhr an.*
- *by*
  Angabe des Mittels: *by bike* — She went to work by bike. *Sie fuhr mit dem Rad zur Arbeit.*
  Angabe des Verursachers (in Passivsätzen): *by a bus* — Her car was hit by a bus. *Ihr Auto wurde von einem Bus angefahren.*
  Angabe der Ursache: *by mistake* — He did it by mistake. *Er hat es aus Versehen getan.*
  Zeitangabe: *by tomorrow* — You will get the letter by tomorrow. *Du bekommst den Brief bis (spätestens) morgen.*
- *for*
  Zeitdauer: *for hours* — We waited for the bus for hours. *Wir warteten stundenlang auf den Bus.*
- *from*
  Ortsangabe: *from Dublin* — Ian is from Dublin. *Ian kommt aus Dublin.*
  Zeitangabe: *from nine to five* — We work from nine to five. *Wir arbeiten von neun bis fünf Uhr.*
- *in*
  Ortsangabe: *in England* — In England, they drive on the left. *In England herrscht Linksverkehr.*
  Zeitangabe: *in the morning* — They woke up in the morning. *Sie wachten am Morgen auf.*

- *of*
  Ortsangabe: *north of the city*

  The village lies north of the city.
  Das Dorf liegt nördlich der Stadt.

- *on*
  Ortsangabe: *on the left, on the floor*

  On the left you see the London Eye.
  Links sehen Sie das London Eye.

  Zeitangabe: *on Monday*

  On Monday she will buy the tickets.
  (Am) Montag kauft sie die Karten.

- *to*
  Richtungsangabe: *to the left*

  Please turn to the left.
  Bitte wenden Sie sich nach links.

  Angabe des Ziels: *to London*

  He goes to London every year.
  Er fährt jedes Jahr nach London.

1.5 Konjunktionen – *Conjunctions*

Konjunktionen (*conjunctions*) verwendet man, um **zwei Hauptsätze oder Haupt- und Nebensatz miteinander zu verbinden**. Mit Konjunktionen lässt sich ein Text strukturieren, indem man z. B. Ursachen, Folgen oder zeitliche Abfolgen angibt.

Die wichtigsten Konjunktionen mit Beispielen für ihre Verwendung:

- *after* – nachdem

  What will you do after she's gone?
  Was wirst du tun, nachdem sie gegangen ist?

- *although* – obwohl

  Although she was ill, she went to work.
  Obwohl sie krank war, ging sie zur Arbeit.

- *as* – als (zeitlich)

  As he came into the room, the telephone rang.
  Als er ins Zimmer kam, klingelte das Telefon.

- *as soon as* – sobald

  As soon as the band began to play, …
  Sobald die Band zu spielen begann, …

- *because* – weil, da

  I need a new bike because my old bike was stolen.
  Ich brauche ein neues Rad, weil mein altes Rad gestohlen wurde.

- *before* – bevor

  Before he goes to work, he buys a newspaper.
  Bevor er zur Arbeit geht, kauft er eine Zeitung.

- *but* – aber

  She likes football but she doesn't like skiing.
  Sie mag Fußball, aber sie mag Skifahren nicht.

- *either … or* – entweder … oder

  We can either watch a film or go to a concert.
  Wir können uns entweder einen Film ansehen oder in ein Konzert gehen.

• *in order to* – um … zu, damit	Peter is in Scotland in order to visit his friend Malcolm. *Peter ist in Schottland, um seinen Freund Malcolm zu besuchen.*
• *neither … nor* – weder … noch	We can neither eat nor sleep outside. It's raining. *Wir können draußen weder essen noch schlafen. Es regnet.*
• *so that* – sodass	She shut the door so that the dog couldn't go outside. *Sie machte die Tür zu, sodass der Hund nicht hinausgehen konnte.*
• *then* – dann	He bought an ice cream, and then shared it with Sally. *Er kaufte ein Eis, (und) dann teilte er es mit Sally.*
• *when* – wenn (zeitlich), sobald	Have a break when you've finished painting this wall. *Mach eine Pause, sobald du diese Wand fertig gestrichen hast.*

1.6 Modale Hilfsverben – *Modal Auxiliaries*

Im Englischen gibt es zwei Arten von Hilfsverben: *to be*, *to have* und *to do* können Hilfsverben sein, wenn sie zusammen mit einem anderen Verb im Satz vorkommen:

I have read the book. *Ich habe das Buch gelesen.*

Außerdem gibt es noch die sogenannten „modalen Hilfsverben". Zu den **modalen Hilfsverben** (*modal auxiliaries*) zählen z. B.:

can, may, must

Bildung

- Die modalen Hilfsverben haben für alle Personen **nur eine Form**, in der 3. Person Singular also kein *-s*.

I, you, he / she / it, we, you, they } must

- Auf ein modales Hilfsverb folgt der **Infinitiv ohne *to***.

You must look at my new bike.
Du musst dir mein neues Fahrrad ansehen.

- **Frage und Verneinung** werden nicht mit *do* / *did* umschrieben.

"Can you hear me?" – "No, I can't."
„Kannst du mich hören?" – „Nein, kann ich nicht."

Ersatzformen

Die modalen Hilfsverben können nicht alle Zeiten bilden. Deshalb benötigt man **Ersatzformen**. Diese können auch im Präsens verwendet werden.

• ***can*** (können) Ersatzformen: ***(to) be able to*** (Fähigkeit), ***(to) be allowed to*** (Erlaubnis)	I can sing. / I was able to sing. *Ich kann singen. / Ich konnte singen.* You can't go to the party. / I wasn't allowed to go to the party. *Du darfst nicht auf die Party gehen. /* *Ich durfte nicht auf die Party gehen.*
Beachte Im *simple past* und *conditional I* ist auch *could* möglich.	When I was three, I could already ski. *Mit drei konnte ich schon Ski fahren.*
• ***may*** (dürfen) – sehr höflich Ersatzform: ***(to) be allowed to***	You may go home early. / You were allowed to go home early. *Du darfst früh nach Hause gehen. /* *Du durftest früh nach Hause gehen.*
• ***must*** (müssen) Ersatzform: ***(to) have to***	He must be home by ten o'clock. / He had to be home by ten o'clock. *Er muss um zehn Uhr zu Hause sein. /* *Er musste um zehn Uhr zu Hause sein.*
Beachte ***must not / mustn't*** = „nicht dürfen"	You must not eat all the cake. *Du darfst nicht den ganzen Kuchen essen.*
„nicht müssen, nicht brauchen" = ***not have to, needn't***	You don't have to / needn't eat all the cake. *Du musst nicht den ganzen Kuchen essen. /* *Du brauchst nicht … zu essen.*

2 Finite Verbformen

2.1 Zeiten – *Tenses*

Simple Present

Bildung Grundform des Verbs (Infinitiv) Ausnahme: 3. Person Singular: Infinitiv + *-s*	I / you / we / you / they stand he / she / it stands
Beachte • Bei Verben, die auf *-s*, *-sh*, *-ch*, *-x* und *-z* enden, wird in der 3. Person Singular *-es* angefügt.	kiss – he / she / it kisses rush – he / she / it rushes teach – he / she / it teaches fix – he / she / it fixes
• Bei Verben, die auf Konsonant + *-y* enden, wird *-es* angefügt; *-y* wird zu *-i-*.	carry – he / she / it carries
Bildung von Fragen im *simple present* (Fragewort +) *do / does* + Subjekt + Infinitiv	Where does he live? / Does he live in London? *Wo lebt er? / Lebt er in London?*

Beachte
Die Umschreibung mit *do/does* wird nicht verwendet,

- wenn nach dem Subjekt gefragt wird (mit *who, what, which*),

Who likes pizza?
Wer mag Pizza?

What happens next?
Was passiert als Nächstes?

Which tree has more leaves?
Welcher Baum hat mehr Blätter?

- wenn die Frage mit *is/are* gebildet wird.

Are you happy?
Bist du glücklich?

Bildung der Verneinung im *simple present*
don't/doesn't + Infinitiv

He doesn't like football.
Er mag Fußball nicht.

Verwendung
Das *simple present* wird verwendet:

- bei Tätigkeiten, die man **gewohnheitsmäßig** oder häufig ausführt
  Signalwörter: z. B. *always, often, never, every day, every morning, every afternoon*

Every morning, John buys a newspaper.
Jeden Morgen kauft John eine Zeitung.

- bei **allgemeingültigen** Aussagen

London is a big city.
London ist eine große Stadt.

- bei **Zustandsverben**: Sie drücken Eigenschaften/Zustände von Personen und Dingen aus und stehen normalerweise nur in der *simple form*, z. B. *to hate, to know, to like.*

I like science-fiction films.
Ich mag Science-Fiction-Filme.

Beachte
Das *simple present* kann sich auch auf die Zukunft beziehen. Siehe hierzu S. 17.

Present Progressive / Present Continuous

Bildung
am/is/are + *-ing*-Form (*present participle*)

read → am/is/are reading

Mehr zur Bildung des *present participle* siehe Kapitel 3.4 der Kurzgrammatik.

Bildung von Fragen im *present progressive*
(Fragewort +) *am/is/are* + Subjekt + *-ing*-Form

Is Peter reading? / What is he reading?
Liest Peter gerade? / Was liest er?

Bildung der Verneinung im *present progressive*
am not/isn't/aren't + *-ing*-Form

Peter isn't reading.
Peter liest gerade nicht.

Verwendung

Mit dem *present progressive* drückt man aus, dass etwas **gerade passiert** und **noch nicht abgeschlossen** ist. Es wird daher auch als **Verlaufsform** der Gegenwart bezeichnet.

Signalwörter: *at the moment, now*

At the moment, Peter is drinking a cup of tea.
Im Augenblick trinkt Peter eine Tasse Tee. [Er hat damit angefangen und noch nicht aufgehört.]

Beachte

Das *present progressive* kann sich auch auf die Zukunft beziehen. Siehe hierzu S. 17.

Simple Past

Bildung

Regelmäßige Verben: Infinitiv + *-ed*

walk → walked

Beachte

- stummes *-e* entfällt

  hope → hoped
- Bei Verben, die auf Konsonant + *-y* enden, wird *-y* zu *-i-*.

  carry → carried
- Nach kurzem betontem Vokal wird der Schlusskonsonant verdoppelt.

  stop → stopped

Die *simple past*-Formen unregelmäßiger Verben muss man auswendig lernen. Einige wichtige Formen sind hier angegeben – weitere Beispiele sind z. B. in Wörterbüchern aufgeführt.

be → was
have → had
give → gave
go → went
say → said
see → saw
take → took

Bildung von Fragen im *simple past*

(Fragewort +) *did* + Subjekt + Infinitiv

Why did / Did he look out of the window?
Warum sah / Sah er aus dem Fenster?

Beachte

Die Umschreibung mit *did* wird nicht verwendet,

- wenn nach dem Subjekt gefragt wird (mit *who, what, which*),

  Who paid the bill?
  Wer zahlte die Rechnung?

  What happened to your friend?
  Was ist mit deinem Freund passiert?

  Which boy cooked the meal?
  Welcher Junge hat das Essen gekocht?
- wenn die Frage mit *was / were* gebildet wird.

  Were you happy?
  Warst du glücklich?

Bildung der Verneinung im *simple past*

didn't + Infinitiv

He didn't call me.
Er rief mich nicht an.

Verwendung

Das *simple past* beschreibt Handlungen und Ereignisse, die **in der Vergangenheit passierten** und **bereits abgeschlossen** sind.

Signalwörter: z. B. *yesterday, last week/year, two years ago, in 2012*

Last week, he helped me with my homework.
Letzte Woche half er mir bei meinen Hausaufgaben. [Die Handlung fand in der letzten Woche statt, ist also abgeschlossen.]

Past Progressive / Past Continuous

Bildung

was/were + *-ing*-Form (*present participle*)

watch → was/were watching

Verwendung

Die **Verlaufsform** *past progressive* verwendet man, wenn **zu einem bestimmten Zeitpunkt** in der Vergangenheit eine **Handlung ablief** bzw. wenn eine **Handlung** von einer anderen **unterbrochen** wurde.

Yesterday at 9 o'clock, I was still sleeping.
Gestern um 9 Uhr schlief ich noch.

I was reading a book when Peter came into the room.
Ich las (gerade) ein Buch, als Peter ins Zimmer kam.

Present Perfect (Simple)

Bildung

have/has + past participle

Zur Bildung des *past participle* siehe Kapitel 3.4 der Kurzgrammatik.

write → has/have written

Verwendung

Das *present perfect* verwendet man,

- wenn ein Vorgang **in der Vergangenheit begonnen** hat und **noch andauert**,
- wenn das Ergebnis einer vergangenen Handlung **Auswirkungen auf die Gegenwart** hat.

Signalwörter: z. B. *already, ever, just, how long, not … yet, since, for*

Beachte

- *have/has* können zu *'ve/'s* verkürzt werden.

He has lived in London since 2008.
Er lebt seit 2008 in London.
[Er lebt jetzt immer noch in London.]

I have just cleaned my car.
Ich habe gerade mein Auto geputzt.
[Man sieht möglicherweise das saubere Auto.]

Have you ever been to Dublin?
Warst du schon einmal in Dublin?

He's given me his umbrella.
Er hat mir seinen Regenschirm gegeben.

▶ Present perfect or Simple past?

Since or For?

- Das *present perfect* wird oft mit *since* und *for* verwendet, die beide „seit" bedeuten.
  - ***since*** gibt einen **Zeitpunkt** an:
  - ***for*** gibt einen **Zeitraum** an:

Ron has lived in Sydney since 2017.
Ron lebt seit 2017 in Sydney.

Sally has lived in Berlin for five years.
Sally lebt seit fünf Jahren in Berlin.

Present Perfect Progressive / Present Perfect Continuous

Bildung
have / has + *been* + *-ing*-Form (*present participle*)

write → has / have been writing

Verwendung
Die **Verlaufsform** *present perfect progressive* verwendet man, um die **Dauer einer Handlung** zu **betonen**, die in der Vergangenheit begonnen hat und noch andauert.

She has been sleeping for ten hours.
Sie schläft seit zehn Stunden.
[Sie schläft immer noch.]

Past Perfect (Simple)

Bildung
had + *past participle*

write → had written

Verwendung
Die Vorvergangenheit *past perfect* verwendet man, wenn ein Vorgang in der Vergangenheit **vor einem anderen Vorgang in der Vergangenheit abgeschlossen** wurde.

He had bought a ticket before he took the train to Manchester.
Er hatte eine Fahrkarte gekauft, bevor er den Zug nach Manchester nahm. [Beim Einsteigen war der Kauf abgeschlossen.]

Past Perfect Progressive / Past Perfect Continuous

Bildung
had + *been* + *-ing*-Form (*present participle*)

write → had been writing

Verwendung
Die **Verlaufsform** *past perfect progressive* verwendet man für **Handlungen**, die in der Vergangenheit **bis zu dem Zeitpunkt andauerten**, zu dem eine neue Handlung einsetzte.

She had been sleeping for ten hours when the doorbell rang.
Sie hatte seit zehn Stunden geschlafen, als es an der Tür klingelte. [Sie schlief bis zu dem Zeitpunkt, als es an der Tür klingelte.]

Talking about the Future

Will-future

Bildung
will + Infinitiv

buy → will buy

Bildung von Fragen im *will-future*
(Fragewort +) *will* + Subjekt + Infinitiv

What will you buy?
Was wirst du kaufen?

Bildung der Verneinung im *will-future*
will not / won't + Infinitiv

She won't come to our party.
Sie wird nicht zu unserer Party kommen.

Verwendung
Das *will-future* verwendet man, wenn ein Vorgang **in der Zukunft stattfinden** wird:

- bei Vorhersagen oder Vermutungen

The weather will be fine tomorrow.
Das Wetter wird morgen schön (sein).

- bei spontanen Entscheidungen

[doorbell] "I'll open the door."
„Ich mache die Tür auf."

Signalwörter: z. B. *tomorrow, next week, next Monday, next year, in three years, soon*

Going to-future

Bildung
am / is / are + *going to* + Infinitiv

find → am / is / are going to find

Verwendung
Das *going to-future* verwendet man, wenn man ausdrücken will,

- was man für die Zukunft **plant** oder **zu tun beabsichtigt**,

I am going to work in England this summer.
Diesen Sommer werde ich in England arbeiten.

- dass ein **Ereignis bald eintreten wird**, da bestimmte **Anzeichen** vorhanden sind.

Look at those clouds. It's going to rain soon.
Schau dir diese Wolken an. Es wird bald regnen.

Simple Present und *Present Progressive* zur Wiedergabe der Zukunft

Verwendung

- Mit dem ***present progressive*** drückt man **Pläne** für die Zukunft aus, für die bereits **Vorkehrungen** getroffen wurden.

We are flying to New York tomorrow.
Morgen fliegen wir nach New York.
[Wir haben schon Tickets.]

- Mit dem ***simple present*** wird ein zukünftiges Geschehen wiedergegeben, das **von außen festgelegt** wurde, z. B. Fahrpläne, Programme, Kalender.

The train leaves at 8.15 a.m.
Der Zug fährt um 8.15 Uhr.

The play ends at 10 p.m.
Das Theaterstück endet um 22 Uhr.

*Future Progressive / Future Continuous**

Bildung
will + *be* + *-ing*-Form (*present participle*)

work → will be working

Verwendung
Die **Verlaufsform** *future progressive* drückt aus, dass ein **Vorgang** in der Zukunft zu einem bestimmten Zeitpunkt **gerade ablaufen wird**.

Signalwörter: z. B. *this time next week / tomorrow, tomorrow* + Zeitangabe

This time tomorrow, I will be sitting in a plane to London.
Morgen um diese Zeit werde ich gerade im Flugzeug nach London sitzen.

*Future Perfect (Future II)**

Bildung
will + *have* + *past participle*

go → will have gone

Verwendung
Das *future perfect* drückt aus, dass ein **Vorgang** in der Zukunft **abgeschlossen sein wird** (Vorzeitigkeit in der Zukunft).

Signalwörter: *by then, by* + Zeitangabe

By 5 p.m. tomorrow, I will have arrived in London.
Morgen Nachmittag um fünf Uhr werde ich bereits in London angekommen sein.

2.2 Passiv – *Passive Voice*

Active and Passive voice

Bildung
Form von (*to*) *be* in der entsprechenden Zeitform + *past participle*

The bridge was finished in 1894.
Die Brücke wurde 1894 fertiggestellt.

Zeitformen:

- *simple present*
  Aktiv: Joe buys the milk.
  Passiv: The milk is bought by Joe.
- *simple past*
  Aktiv: Joe bought the milk.
  Passiv: The milk was bought by Joe.
- *present perfect*
  Aktiv: Joe has bought the milk.
  Passiv: The milk has been bought by Joe.
- *past perfect*
  Aktiv: Joe had bought the milk.
  Passiv: The milk had been bought by Joe.
- *will-future*
  Aktiv: Joe will buy the milk.
  Passiv: The milk will be bought by Joe.

Aktiv → Passiv

- Das Subjekt des Aktivsatzes wird zum Objekt des Passivsatzes. Es wird mit *by* angeschlossen.
- Das Objekt des Aktivsatzes wird zum Subjekt des Passivsatzes.
- Stehen im Aktiv **zwei Objekte**, lassen sich zwei verschiedene Passivsätze bilden. Ein Objekt wird zum Subjekt des Passivsatzes, das zweite bleibt Objekt.

  Beachte
  Das indirekte Objekt (wem oder was?) muss im Passivsatz mit *to* angeschlossen werden.

Aktiv: Joe (*Subjekt*) bought the milk (*Objekt*).

Passiv: The milk (*Subjekt*) was bought by Joe (*by-agent*).

Aktiv: They (*Subjekt*) gave her (*ind. Obj.*) a ball (*dir. Obj.*).

Passiv: She (*Subjekt*) was given a ball (*dir. Obj.*).

oder:

Aktiv: They (*Subjekt*) gave her (*ind. Obj.*) a ball (*dir. Obj.*).

Passiv: A ball (*Subjekt*) was given to her (*ind. Obj.*).

Passiv → Aktiv

- Der mit *by* angeschlossene Handelnde (*by-agent*) des Passivsatzes wird zum Subjekt des Aktivsatzes; *by* entfällt.
- Das Subjekt des Passivsatzes wird zum Objekt des Aktivsatzes.
- Fehlt im Passivsatz der *by-agent*, muss im Aktivsatz ein Handelnder als Subjekt ergänzt werden, z. B. *somebody, we, you, they*.

Passiv: The milk (*Subjekt*) was bought by Joe (*by-agent*).

Aktiv: Joe (*Subjekt*) bought the milk (*Objekt*).

Passiv: The match (*Subjekt*) was won.

Aktiv: They (*(ergänztes) Subjekt*) won the match (*Objekt*).

3 Infinite Verbformen

3.1 Infinitiv – *Infinitive*

Der **Infinitiv** (Grundform des Verbs) **mit to** steht z. B. **nach**:

- bestimmten **Verben**, z. B.:

to decide	(sich) entscheiden, beschließen
to expect	erwarten
to hope	hoffen
to manage	schaffen
to offer	anbieten
to plan	planen
to promise	versprechen
to seem	scheinen
to try	versuchen
to want	wollen

He decided to wait.
Er beschloss zu warten.

- bestimmten **Substantiven und Pronomen** (*something, anything*), z. B.:

attempt	Versuch
idea	Idee
plan	Plan
wish	Wunsch

We haven't got anything to eat at home.
Wir haben nichts zu essen zu Hause.

It was her plan to visit him in May.
Sie hatte vor, ihn im Mai zu besuchen.

- bestimmten **Adjektiven** und deren Steigerungsformen, z. B.:

certain	sicher
difficult/hard	schwer, schwierig
easy	leicht

It was difficult to follow her.
Es war schwer, ihr zu folgen.

- **Fragewörtern**, wie z. B. *what, where, which, who, when, how* und nach *whether*. Diese Konstruktion ersetzt eine indirekte Frage mit modalem Hilfsverb.

We knew where to find her./
We knew where we could find her.
Wir wussten, wo wir sie finden konnten.

Die Konstruktion **Objekt + Infinitiv** wird im Deutschen oft mit einem „dass"-Satz übersetzt.

Sie steht z. B. **nach**:

- bestimmten **Verben**, z. B.:

to allow	erlauben
to get	veranlassen
to help	helfen
to persuade	überreden

She allowed him to go to the cinema.
Sie erlaubte ihm, dass er ins Kino geht./ … ins Kino zu gehen.

- **Verb + Präposition**, z. B.:

to count on	rechnen mit
to rely on	sich verlassen auf
to wait for	warten auf

She relies on him to arrive in time.
Sie verlässt sich darauf, dass er rechtzeitig ankommt.

- **Adjektiv + Präposition**, z. B.:

easy for	leicht
necessary for	notwendig
nice of	nett
silly of	dumm

It is necessary for you to study more.
Es ist notwendig, dass du mehr lernst.

- **Substantiv + Präposition**, z. B.:

opportunity for	Gelegenheit
idea for	Idee
time for	Zeit
mistake for	Fehler

Work experience is a good opportunity for you to find out which job suits you.
Ein Praktikum ist eine gute Gelegenheit, herauszufinden, welcher Beruf zu dir passt.

- einem **Adjektiv**, das durch ***too*** oder ***enough*** näher bestimmt wird.

The box is too heavy for me to carry.
Die Kiste ist mir zu schwer zum Tragen.

The weather is good enough for us to go for a walk.
Das Wetter ist gut genug, dass wir spazieren gehen können.

3.2 Gerundium (*-ing*-Form) – *Gerund*

Bildung Infinitiv + *-ing*	read → reading
Beachte	
• stummes *-e* entfällt	write → writing
• nach kurzem betontem Vokal wird der Schlusskonsonant verdoppelt	stop → stopping
• *-ie* wird zu *-y*	lie → lying

Verwendung Das *gerund* kann sowohl Subjekt als auch Objekt eines Satzes sein.	Subjekt: Skiing is fun. *Skifahren macht Spaß.* Objekt: He has given up smoking. *Er hat mit dem Rauchen aufgehört.*
Manche Wörter ziehen die *-ing*-Form nach sich. Die *-ing*-Form steht z. B. nach:	
• bestimmten **Verben**, wie z. B.: *to dislike* – nicht mögen *to enjoy* – genießen, gern tun *to finish* – beenden *to give up* – aufgeben *to keep* – weitermachen	He enjoys reading comics. *Er liest gerne Comics.* My mother keeps telling me to study more. *Meine Mutter sagt mir ständig, dass ich mehr lernen soll.*
• **Verb + Präposition**, wie z. B.: *to believe in* – glauben an *to dream of* – träumen von *to look forward to* – sich freuen auf *to talk about* – sprechen über	She dreams of becoming a lawyer. *Sie träumt davon, Anwältin zu werden.*
• **Adjektiv + Präposition**, wie z. B.: *afraid of* – sich fürchten vor *famous for* – berühmt für *good / bad at* – gut / schlecht in *interested in* – interessiert an	She is good at playing football. *Sie spielt gut Fußball.*
• **einem Substantiv**, wie z. B.: *trouble* – Schwierigkeiten *fun* – Spaß	I have trouble doing my Maths homework. *Ich habe Schwierigkeiten, meine Mathehausaufgabe zu lösen.*
• **Substantiv + Präposition**, wie z. B.: *chance of* – Chance, Aussicht auf *in danger of* – in Gefahr *reason for* – Grund für	Do you have a chance of getting the job? *Hast du eine Chance, die Stelle zu bekommen?*

- **bestimmten Präpositionen** und **Konjunktionen der Zeit**, wie z. B.:

after	nachdem
before	bevor
by	indem; dadurch, dass
instead of	statt

Before leaving the room, he said goodbye.
Bevor er den Raum verließ, verabschiedete er sich.

3.3 Infinitiv oder Gerundium? – *Infinitive or Gerund?*

Einige Verben können sowohl **mit** dem **Infinitiv** als auch **mit der -*ing*-Form** stehen, **ohne** dass sich die **Bedeutung ändert**, z. B.
to love, to hate, to prefer, to start, to begin, to continue.

I hate getting up early.
I hate to get up early.
Ich hasse es, früh aufzustehen.

Bei manchen Verben **ändert sich** jedoch die **Bedeutung**, je nachdem, ob sie mit Infinitiv oder mit der -*ing*-Form verwendet werden, z. B.
to remember, to forget, to stop.

- *to remember* + Infinitiv:
  „daran denken, etwas zu tun"

  I must remember to post the invitations.
  Ich muss daran denken, die Einladungen einzuwerfen.

  to remember + -*ing*-Form:
  „sich erinnern, etwas getan zu haben"

  I remember posting the invitations.
  Ich erinnere mich daran, die Einladungen eingeworfen zu haben.

- *to forget* + Infinitiv:
  „vergessen, etwas zu tun"

  Don't forget to water the plants.
  Vergiss nicht, die Pflanzen zu gießen.

  to forget + -*ing*-Form:
  „vergessen, etwas getan zu haben"

  I'll never forget meeting the President.
  Ich werde nie vergessen, wie ich den Präsidenten traf.

- *to stop* + Infinitiv:
  „stehen bleiben, um etwas zu tun"

  I stopped to read the road sign.
  Ich hielt an, um das Verkehrsschild zu lesen.

  to stop + -*ing*-Form:
  „aufhören, etwas zu tun"

  He stopped laughing.
  Er hörte auf zu lachen.

3.4 Partizipien – *Participles*

Partizip Präsens – *Present Participle*

Bildung
Infinitiv + *-ing*

talk → talking

Beachte
- stummes *-e* entfällt
- nach kurzem betontem Vokal: Schlusskonsonant verdoppelt
- *-ie* wird zu *-y*

write → writing
stop → stopping
lie → lying

Verwendung
Das *present participle* verwendet man z. B.
- zur Bildung der Verlaufsform *present progressive*,
- zur Bildung der Verlaufsform *past progressive*,
- zur Bildung der Verlaufsform *present perfect progressive*,
- zur Bildung der Verlaufsform *future progressive**,
- wie ein Adjektiv, wenn es vor einem Substantiv steht.

Peter is reading.
Peter liest (gerade).

Peter was reading when I saw him.
Peter las (gerade), als ich ihn sah.

I have been living in Sydney for 5 years.
Ich lebe seit 5 Jahren in Sydney.

This time tomorrow I will be working.
Morgen um diese Zeit werde ich arbeiten.

The village hasn't got running water.
Das Dorf hat kein fließendes Wasser.

Partizip Perfekt – *Past Participle*

Bildung
Infinitiv + *-ed*

talk → talked

Beachte
- stummes *-e* entfällt
- nach kurzem betontem Vokal wird der Schlusskonsonant verdoppelt
- *-y* wird zu *-ie*
- Die *past participles* unregelmäßiger Verben muss man auswendig lernen. Einige wichtige Formen sind hier angegeben – weitere Beispiele sind z. B. in Wörterbüchern aufgeführt.

live → lived
stop → stopped
cry → cried
be → been
have → had
give → given
go → gone
meet → met
say → said

Verwendung
Das *past participle* verwendet man
- zur Bildung des *present perfect*,

He hasn't talked to Tom yet.
Er hat noch nicht mit Tom gesprochen.

• zur Bildung des *past perfect*,	Before they went biking in France, they had bought new bikes. *Bevor sie nach Frankreich zum Radfahren gingen, hatten sie neue Fahrräder gekauft.*
• zur Bildung des *future perfect**,	The letter will have arrived by then. *Der Brief wird bis dann angekommen sein.*
• zur Bildung des Passivs,	The fish was eaten by the cat. *Der Fisch wurde von der Katze gefressen.*
• wie ein Adjektiv, wenn es vor einem Substantiv steht.	Peter has got a well-paid job. *Peter hat eine gut bezahlte Stelle.*

Verkürzung eines Nebensatzes durch ein Partizip

Adverbiale Nebensätze (meist des Grundes oder der Zeit) und **Relativsätze** können durch ein Partizip verkürzt werden.	She watches the news, because she wants to stay informed. → Wanting to stay informed, she watches the news. *Sie sieht sich die Nachrichten an, weil sie informiert bleiben möchte.*
Aus der Zeitform des Verbs im Nebensatz ergibt sich, welches Partizip für die Satzverkürzung verwendet wird: • Steht das Verb im Nebensatz im *present* oder *past tense (simple / progressive form)*, verwendet man das *present participle*.	he finishes / he finished → finishing
• Steht das Verb im Nebensatz im *present perfect* oder *past perfect*, verwendet man *having + past participle*.	he has finished / he had finished → having finished
• Das *past participle* verwendet man auch, um einen Satz im Passiv zu verkürzen.	Sally is a manager in a five-star hotel which is called Pacific View. → Sally is a manager in a five-star hotel called Pacific View.
Beachte • Man kann einen Nebensatz der Zeit oder des Grundes verkürzen, wenn **Haupt- und Nebensatz dasselbe Subjekt** haben.	When he was walking down the street, he saw Jo. → When walking / Walking down the street, he saw Jo. *Als er die Straße entlangging, sah er Jo.*
• Bei **Kausalsätzen** (Nebensätzen des Grundes) entfallen die Konjunktionen *as, because* und *since* im verkürzten Nebensatz.	As he was hungry, he bought a sandwich. → Being hungry, he bought a sandwich. *Da er hungrig war, kaufte er ein Sandwich.*
• In einem **Temporalsatz** (Nebensatz der Zeit) bleibt die einleitende **Konjunktion** häufig erhalten, um dem Satz eine **eindeutige Bedeutung** zuzuweisen.	When he left, he forgot to lock the door. → When leaving, he forgot to lock the door. *Als er ging, vergaß er, die Tür abzuschließen.* Tara got sick eating too much cake. *Tara wurde schlecht, als/während/da sie zu viel Kuchen aß. [verschiedene Deutungen möglich]*

Die Vorzeitigkeit einer Handlung kann durch ***after + present participle*** oder durch ***having + past participle*** ausgedrückt werden.

- Bei **Relativsätzen** entfallen die Relativpronomen *who, which* und *that.*

After finishing / Having finished breakfast, he went to work.
Nachdem er sein Frühstück beendet hatte, ging er zur Arbeit.

I saw a six-year-old boy who played the piano.
I saw a six-year-old boy playing the piano.
Ich sah einen sechsjährigen Jungen, der gerade Klavier spielte. / … Klavier spielen.

Verbindung von zwei Hauptsätzen durch ein Partizip

Zwei Hauptsätze können durch ein Partizip verbunden werden, wenn sie **dasselbe Subjekt** haben.

Beachte

- Das Subjekt des zweiten Hauptsatzes und die Konjunktion *and* entfallen.
- Die Verbform des zweiten Hauptsatzes wird durch das Partizip ersetzt.

He did his homework and he listened to the radio.
He did his homework listening to the radio.
Er machte seine Hausaufgaben und hörte Radio.

4 Der Satz im Englischen

4.1 Wortstellung – *Word Order*

Im Aussagesatz gilt die Wortstellung **S**ubjekt – **P**rädikat – **O**bjekt (***s**ubject – **v**erb – **o**bject*):

- Subjekt: Wer oder was tut etwas?
- Prädikat: Was wird getan?
- Objekt: Worauf / Auf wen bezieht sich die Tätigkeit?

Cats catch mice.
Katzen fangen Mäuse.

Erklärungen und Beispiele zur **Bildung** des englischen **Fragesatzes** finden sich auch bei den verschiedenen Zeiten (vgl. Kap. 2.1) und bei den Modalverben (vgl. Kap. 1.6).

Beachte

- Orts- und Zeitangaben stehen meist am Satzende.
- Ortsangaben stehen vor Zeitangaben.

We will buy a new car tomorrow.
Morgen werden wir ein neues Auto kaufen.

He moved to New York in June.
Er zog im Juni nach New York.

Conditional sentences

4.2 Bedingungssätze – *Conditional Sentences*

Ein Bedingungssatz (Konditionalsatz) besteht aus zwei Teilen: einem Nebensatz (*if-clause*) und einem Hauptsatz (*main clause*). Im ***if*-Satz** steht die **Bedingung** (*condition*), unter der die im **Hauptsatz** genannte **Folge** eintritt. Man unterscheidet drei Arten von Konditionalsätzen:

Bedingungssatz Typ I

Bildung

- *if*-Satz (Bedingung): *simple present*
- Hauptsatz (Folge): *will-future*

If you read this book,
Wenn du dieses Buch liest,

you will learn a lot about music.
erfährst du eine Menge über Musik.

Der *if*-Satz kann auch nach dem Hauptsatz stehen. In diesem Fall entfällt das Komma:

You will learn a lot about music if you read this book.
Du erfährst eine Menge über Musik, wenn du dieses Buch liest.

Im Hauptsatz kann auch

- *can* + Infinitiv,

If you go to London, you can see Bob.
Wenn du nach London fährst, kannst du Bob treffen.

- *must* + Infinitiv,

If you go to London, you must visit me.
Wenn du nach London fährst, musst du mich besuchen.

- die Befehlsform des Verbs (Imperativ)

stehen.

If it rains, take an umbrella.
Wenn es regnet, nimm einen Schirm mit.

Verwendung

Bedingungssätze vom Typ I verwendet man, wenn die **Bedingung erfüllbar** ist. Man gibt an, was unter bestimmten Bedingungen **geschieht** oder **geschehen kann**.

Sonderform

Bedingungssätze vom Typ I verwendet man auch bei einer **generellen Regel**. Hierbei steht sowohl im Hauptsatz als auch im *if*-Satz das *simple present*.

If you mix blue and yellow, you get green.
Wenn du die Farbe Blau mit Gelb mischst, erhältst du Grün.

Bedingungssatz Typ II

Bildung

- *if*-Satz (Bedingung): *simple past*
- Hauptsatz (Folge): *conditional I* = *would* + Infinitiv

If I went to London,
Wenn ich nach London fahren würde,

I would visit the Tower.
würde ich mir den Tower ansehen.

Verwendung

Bedingungssätze vom Typ II verwendet man, wenn die **Bedingung nur theoretisch erfüllt** werden kann oder **nicht erfüllbar** ist.

Bedingungssatz Typ III

Bildung

- *if*-Satz (Bedingung): *past perfect*
- Hauptsatz (Folge): *conditional II* = *would* + *have* + *past participle*

If I had gone to London,
Wenn ich nach London gefahren wäre,

I would have visited the Tower.
hätte ich mir den Tower angesehen.

Verwendung

Bedingungssätze vom Typ III verwendet man, wenn sich die **Bedingung auf die Vergangenheit bezieht** und deshalb **nicht mehr erfüllbar** ist.

4.3 Relativsätze – *Relative Clauses*

Ein Relativsatz ist ein Nebensatz, der sich **auf eine Person oder Sache** des Hauptsatzes **bezieht** und diese **näher beschreibt**:

- Hauptsatz:
- Relativsatz:

The boy who looks like Jane is her brother.
Der Junge, der Jane ähnlich sieht, ist ihr Bruder.

The boy … is her brother.

… who looks like Jane …

Bildung

Haupt- und Nebensatz werden durch das Relativpronomen verbunden.

- Das Relativpronomen ***who*** bezieht sich auf Personen.

Peter, who lives in London, likes travelling.
Peter, der in London lebt, reist gerne.

- Das Relativpronomen ***whose*** bezieht sich ebenfalls auf Personen. Es gibt die Zugehörigkeit dieser Person zu einer anderen Person oder Sache an.

Pari, whose parents are from India, is in my class.
Pari, deren Eltern aus Indien stammen, ist in meiner Klasse.

This is the boy whose mobile was stolen.
Das ist der Junge, dessen Handy gestohlen wurde.

- Das Relativpronomen ***which*** bezieht sich auf **Sachen**.

The film "Dark Moon", which we saw yesterday, was far too long.
Der Film „Dark Moon", den wir gestern sahen, war viel zu lang.

- Das Relativpronomen ***that*** kann sich auf **Sachen** und auf **Personen** beziehen und wird nur verwendet, wenn die **Information** im Relativsatz **notwendig** ist, um den ganzen Satz zu verstehen.

The film that we saw last week was much better.
Der Film, den wir letzte Woche sahen, war viel besser.

Verwendung

Mithilfe von Relativpronomen kann man **zwei Sätze miteinander verbinden**.

London is England's biggest city. London is very popular with tourists.
London ist Englands größte Stadt. London ist bei Touristen sehr beliebt.

→ London, which is England's biggest city, is very popular with tourists.
London, die größte Stadt Englands, ist bei Touristen sehr beliebt.

Beachte

Man unterscheidet zwei Arten von Relativsätzen:

- **Notwendige Relativsätze** (*defining relative clauses*) enthalten Informationen, die **für das Verständnis** des Satzes **erforderlich** sind.

  The man who is wearing a red shirt is Mike.
  Der Mann, der ein rotes Hemd trägt, ist Mike.

  Hier kann das Relativpronomen entfallen, wenn es Objekt ist; man spricht dann auch von *contact clauses*.

  The book (that) I bought yesterday is thrilling.
  Das Buch, das ich gestern gekauft habe, ist spannend.

- **Nicht notwendige Relativsätze** (*non-defining relative clauses*) enthalten **zusätzliche Informationen** zum Bezugswort, die für das Verständnis des Satzes nicht unbedingt notwendig sind. Dieser Typ von Relativsatz wird **mit Komma** abgetrennt.

  Sally, who went to a party yesterday, is very tired.
  Sally, die gestern auf einer Party war, ist sehr müde.

Reported speech

4.4 Indirekte Rede – *Reported Speech*

Bildung und Verwendung

Die indirekte Rede verwendet man, um **wiedergzugeben, was eine andere Person gesagt** oder **gefragt hat**.

Dazu benötigt man ein **Einleitungsverb**. Häufig verwendete Einleitungsverben sind:

to say, to think, to add, to agree, to tell, to ask, to want to know, to answer

In der indirekten Rede verändern sich die Pronomen, in bestimmten Fällen auch die **Zeiten** und die **Orts-** und **Zeitangaben**.

- Wie die Pronomen sich verändern, hängt von der **Situation** ab.

direkte Rede		indirekte Rede
I, you, we, you	→	he, she, they
my, your, our, your	→	his, her, their
this, these	→	that, those

direkte Rede	indirekte Rede
Bob says to Jenny: "I like you."	Bob says to Jenny that he likes her.
Bob sagt zu Jenny: „Ich mag dich."	*Bob sagt zu Jenny, dass er sie mag.*

- **Zeiten:**
  Keine Veränderung, wenn das Einleitungsverb im *simple present* oder im *present perfect* steht:

direkte Rede	indirekte Rede
Bob says, "I love dancing."	Bob says (that) he loves dancing.
Bob sagt: „Ich tanze sehr gerne."	*Bob sagt, er tanze sehr gerne.*

  In folgenden Fällen wird die Zeit der direkten Rede in der indirekten Rede **um eine Zeitstufe zurückversetzt**, wenn das **Einleitungsverb** im ***simple past*** steht:

Bob said, "I love dancing."	Bob said (that) he loved dancing.
Bob sagte: „Ich tanze sehr gerne."	*Bob sagte, er tanze sehr gerne.*

simple present	→	simple past	Joe: "I like it."	Joe said he liked it.
simple past	→	past perfect	Joe: "I liked it."	Joe said he had liked it.
present perfect	→	past perfect	Joe: "I've liked it."	Joe said he had liked it.
will-future	→	conditional I	Joe: "I will like it."	Joe said he would like it.

- **Zeitangaben** verändern sich, wenn der Bericht zu einem späteren Zeitpunkt erfolgt, z. B.:

now	→	then, at that time
today	→	that day, yesterday
yesterday	→	the day before
tomorrow	→	the following day
next week	→	the following week

direkte Rede	indirekte Rede
Jack: "I'll call her tomorrow."	Jack says (that) he will call her tomorrow. *[Der Bericht erfolgt noch am selben Tag.]*
	Jack said (that) he would call her the following day. *[Der Bericht erfolgt z. B. eine Woche später.]*

- Welche **Ortsangabe** verwendet wird, hängt davon ab, wo sich der Sprecher im Moment befindet, z. B.:

  here → there

direkte Rede
Amy: "I was here when the accident happened."

indirekte Rede
Amy says (that) she was here when the accident happened.
[Der Bericht erfolgt noch an der Unfallstelle.]

Amy said (that) she had been there when the accident had happened.
[Der Bericht erfolgt z. B. am nächsten Tag an einem anderen Ort.]

Bildung der indirekten Frage

Häufige Einleitungsverben für die indirekte Frage sind: to ask, to want to know, to wonder

- **Fragewörter** bleiben in der indirekten Rede **erhalten**. Die **Umschreibung** mit *do/does/did* **entfällt** in der indirekten Frage.

Tom: "When did they arrive?"
Tom: „Wann sind sie angekommen?"

Tom asked when they had arrived.
Tom fragte, wann sie angekommen seien.

- Enthält die direkte Frage **kein Fragewort**, wird die indirekte Frage mit ***whether*** oder ***if*** eingeleitet:

Tom: "Are they staying at the youth hostel?"
Tom: „Übernachten sie in der Jugendherberge?"

Tom asked if/whether they were staying at the youth hostel.
Tom fragte, ob sie in der Jugendherberge übernachten.

Befehle/Aufforderungen in der indirekten Rede

Häufige Einleitungsverben sind: to tell, to order, to ask

In der indirekten Rede steht hier **Einleitungsverb + Objekt + *(not)* *to* + Infinitiv**

Tom: "Leave the room."
Tom: „Verlass den Raum."

Tom told me to leave the room.
Tom forderte mich auf, den Raum zu verlassen.

Übungsaufgaben zum Grundwissen

1 Grundwissen – Grammatik

Der Bereich „Grammatik“ ist zwar kein eigenständiger Teil in deiner Abschlussprüfung, dennoch ist ein Beherrschen der wichtigsten Grammatikregeln für ein erfolgreiches Bestehen der Prüfung unerlässlich: Ganz gleich, ob du – wie beim Hören und Lesen – die Sprache passiv verstehen, oder sie – wie beim Schreiben und Sprechen – aktiv einsetzen musst – es ist immer wichtig, dass du bestimmte Regeln und Satzkonstruktionen kennst und selbst anwenden kannst.

1.1 Strategien zum Bereich „Grammatik“

Zu Beginn dieses Buches findest du eine **Kurzgrammatik** mit einer Übersicht über die wichtigsten Strukturen der englischen Grammatik. Zu einigen Themen, mit denen erfahrungsgemäß viele Lernende Schwierigkeiten haben, gibt es zusätzlich Lernvideos ▶. Mithilfe der Kurzgrammatik kannst du dir besonders die Bereiche noch einmal ins Gedächtnis rufen, die für die Abschlussprüfung relevant sind. Du kannst auf unterschiedliche Weise damit arbeiten:

Methode 1

Wenn du das Gefühl hast, dass du dich schon ganz gut in der englischen Grammatik auskennst, kannst du die Regeln und Beispiele erst einmal überspringen. Sollten dir dann beim Lösen der Übungsaufgaben zur Grammatik (Kapitel 1.2) Fragen einfallen, kannst du gezielt in der Kurzgrammatik Erklärungen und Beispiele zu einzelnen Strukturen nachschlagen. Damit du dich leicht zurechtfindest, sind die Bezeichnungen der grammatischen Strukturen in den Aufgabenstellungen **fett** gedruckt.

Methode 2

Vielleicht weißt du aber schon, dass du noch den einen oder anderen Schwachpunkt im Bereich Grammatik hast. Dann liest du dir am besten alle Erklärungen in der Kurzgrammatik sorgfältig durch. Präge dir die Beispiele zu den Regeln ein und überlege dir eigene Beispiele. Wenn du selbst eine Regel mit einem Beispiel verknüpfen kannst, fällt es dir leichter, dir die Regel zu merken. Markiere gleich beim Lesen der Grammatik die Bereiche, die du noch intensiver üben möchtest.

Methode 3

Sieh dir Texte, die du in Klassenarbeiten oder als Hausaufgabe geschrieben hast und die dein Lehrer oder deine Lehrerin korrigiert hat, einmal nur im Hinblick auf Grammatik an. Oft sind Grammatikfehler z. B. mit der Abkürzung „Gr“ markiert. Erkennst du Bereiche, in denen du noch Probleme hast? Frage deinen Lehrer, wenn du dir nicht sicher bist, bei welchen Strukturen du Fehler gemacht hast. Schlage diese Strukturen in der Kurzgrammatik nach und mache Übungen dazu.

Methode 4

Vielleicht findest du, dass Grammatik lernen und üben nicht sehr spannend ist. Hast du schon einmal ausprobiert, selbst eine Grammatikübung zu erstellen? Suche dir einen englischen Text zu einem Thema aus, das du besonders interessant findest (z. B. aus dem Bereich Leseverstehen in diesem Buch). Mache dir eine Kopie und lösche alle Verben. Zu den Lücken schreibst du nur die Grundform auf (z. B. „did“ → „to do“). Schon hast du eine Übung, mit der du Verbformen in allen Zeiten üben kannst.

Tipp

- Nutze Hilfsmittel wie eine Schulgrammatik oder die Kurzgrammatik in diesem Band. Schlage nach, wenn du Fragen zur Grammatik hast.
- Beobachte deine Ergebnisse beim Schreiben kontinuierlich und übe Grammatikbereiche, die dir schwerfallen.
- Sei kreativ beim Grammatiklernen: Zeichne Mindmaps, mache deine eigenen Lückentexte …

1.2 Übungsaufgaben zum Bereich „Grammatik"

1. **Prepositions** – Look at the picture and choose the right prepositions to complete the sentences. You can use each preposition only once.

inside – in front of – beside – between – at – under – outside – behind – on

a) The family is sitting ____________ their tent, ____________ their car.

b) Everybody is ____________; there is no one ____________ the tent.

c) There is a tree ____________ the car.

d) The little girl is sitting ____________ her sister and brother.

e) There's lots of food ____________ the table and a bowl of water ____________ the table.

f) The father is looking ____________ the dog.

2. **Prepositions** – Fill in the prepositions in the following short texts.

a) I got a letter ____________ my brother today. He put the wrong stamps ____________ the letter. As no one was ____________ home when the postman came, he left a note ____________ the front door. I had to go ____________ the post office and pick ____________ the letter myself. I had to pay 50 p ____________ the extra postage.

b) It happened ____________ 31st October, ____________ about nine o'clock ____________ the evening. Amy had been waiting ____________ her boyfriend ____________ what seemed like hours. He had said he'd be there ____________ six at the latest. She was just about to go ____________ home, when he suddenly appeared right ____________ her. Of course she was scared – but what else should you be ____________ Halloween?

3. **Conjunctions** – Complete the following texts using the conjunctions from the box. There are two conjunctions you do not need.

> after – although – as – as long as – as soon as – before (2×) –
> but – both – because – or – and (2 ×) – while

a) ____________ James McAlister has finished school, he is ____________ going to apply for an internship with the American company Open Access Music Library, ____________ take a job with the Scottish firm UnlimitedAccess.co.uk. ____________ he is in Scotland, he will be able to work with the American company online, ____________ he will have to fly to the States to present himself ____________ he can start to work for them.

b) ____________ Caroline's mother is a journalist, that is the last thing Caroline wants to become! ____________ finishing school Caroline is going to study medicine in London, ____________ then she hopes she will be able to get some practical experience working in America ____________ Canada. ____________ still at school she has been doing some voluntary work at a hospital near her home. ____________ she can study medicine, though, she really needs to study hard.

4. **Modal auxiliaries** – A school trip to London

a) Mrs Smith is talking about a visit to London as a final trip before everyone leaves school.
Complete what she says with a modal auxiliary from the box. You can use each item only once.

> must – have to – can – can't – needn't

We ________________ fly or go by train, but we ________________ go during your exams – that's clear – so we'll go on 26th July for a week. If you want to go to London, you ________________ return the form to me by Monday. You ________________ bring any money until next week – I'm not collecting it before then. But don't forget, I ________________ ________________ have the forms on Monday.

b) The class representative has sent Mrs Smith an e-mail about the London visit. Choose the correct modal auxiliary to complete the sentences.

I _1_ find my form. _2_ I have a new one, please? I think most people _3_ come. Jenny _4_ have a problem, though. Her parents say that she _5_ pass her exams if she wants them to pay. She _6_ afford the trip if her parents don't pay. Thomas says he _7_ ask his parents' permission because he _8_ go on every school trip. When we go to London, _9_ we visit Madame Tussauds? Everyone _10_ like to go there. Another suggestion is that we _11_ have a party in Regent's Park on our last night. We _12_ do that, won't we? I know that we _13_ drink alcohol on a school trip, but we _14_ have a barbecue and then we _15_ have lots of fun together for the last time.

1	☐ had to	☐ can't	☐ won't
2	☐ May	☐ Need	☐ Am allowed to
3	☐ needn't	☐ have to	☐ will be able to
4	☐ was allowed to	☐ must	☐ might
5	☐ has to	☐ will	☐ might
6	☐ shouldn't	☐ can't	☐ can
7	☐ mustn't	☐ needn't	☐ should
8	☐ is allowed to	☐ couldn't	☐ doesn't have to
9	☐ must	☐ could	☐ needn't
10	☐ will	☐ would	☐ has to
11	☐ may	☐ are able to	☐ should
12	☐ are able to	☐ will be allowed to	☐ could
13	☐ needn't	☐ shouldn't have	☐ mustn't
14	☐ could	☐ need	☐ mustn't
15	☐ may	☐ would	☐ have to

5. **Tenses** – Look at the photograph. Then complete the sentences using the "**present progressive**".

a) The man in the van ________________ *(verkaufen)* ice creams.

b) The ice-cream man ________________ *(schauen)* out of the side window.

c) Another man ________________ *(stehen)* behind the ice-cream van.

d) The man behind the ice-cream van ________________ *(anrufen)* a friend.

e) No one ________________ *(kaufen)* an ice cream.

f) The ice-cream man ________________ *(warten)* for customers.

6. **Tenses: "simple present" or "present progressive"** – First underline any signal words you can find in the sentences. Then fill in the correct verb form.

a) Karen always ________________ *(zu Fuß gehen)* to school.

b) She ________________ *(tragen)* her large school bag now.

c) Karen and her family ________________ *(fliegen)* to England this year. Normally, they ________________ *(fahren)* there.

d) Karen's dad ________________ *(arbeiten)* on his computer at the moment. When he is busy he never ________________ *(sprechen)* to anybody.

7. **Tenses (irregular verbs)** – There are many irregular verbs to learn. Here are some you use often. Give the "**simple past**" and the "**present perfect**" forms.

	simple past	present perfect
a) be	________	________
b) have	________	________
c) say	________	________
d) go	________	________
e) take	________	________
f) write	________	________
g) buy	________	________

Present perfect or simple past?

8. **Tenses (signal words)** – Below are signal words for the "**simple past**" and the "**present perfect**". Put the signal words with the correct tense.

already – ever – five years ago – for three weeks – in 2010 – how long – just – last month – last week – not … yet – since May – yesterday

simple past	present perfect

Since or for?

9. **Tenses (signal words)** – Which words or expressions take "since" and which ones take "for"?

________	2012	________	my birthday
________	six days	________	Easter
________	last weekend	________	a long time
________	three hours	________	many years
________	last summer	________	seven days

10. **Tenses** – "**simple past**" or "**present perfect**", "**progressive**" or "**simple**"? Fill in the correct verb form.

a) Yesterday, I ______________________ *(go)* to the cinema.

b) She ______________________ *(write)* since 3 o'clock.

c) He ________________ just ________________ *(finish)* his homework.

d) It was many years ago that I ____________________ *(visit)* America.

e) How long ______________ you __________________ *(wait)*?

f) In 1999 we _________________ *(drive)* to Italy. Then two years ago we ______________ *(fly)*. We __________ not ____________ *(be)* there since then.

g) Last week we ____________________ *(have)* our last English lesson before our exams.

11. **Tenses** – "**simple past**" or "**past perfect**"? Put the verbs into the correct tenses.

a) After Ellis Island __________________ *(serve)* as a fort and execution site it _________________ *(become)* an immigration center in 1892.

b) It was there that doctors and officials __________________ *(decide)* the futures of all those who ___________________ *(leave)* Europe in the hope of a new life in America.

c) After they ___________________ *(pass)* through the baggage room, the newcomers ________________________ *(climb)* the long stairs up to the Great Hall.

d) Once the doctors _________________ *(examine)* everybody, officials _______________ *(come)* and _______________ *(question)* them.

e) When they ______________________ *(give)* the right answers, they ____________________ *(start)* to explore the New World.

12. **Mixed tenses** – Ruby is keeping a blog about her first journey abroad. Fill in each gap with the correct tense – do not use the future.

rubysdiary.blogspot.com

Ruby's diary

Hi, I'm Ruby. I ♥ animals, Thai food and yoga. I didn't travel a lot in the past, but I'm about to explore the world. Find out more.

email me!

find me on:
twitter
facebook

blog archive
May 2nd
April 25
April 3rd
March 19
March 15
February 14
older posts

12 comments

July 3rd

We ______________ *(travel)* all day and arrived in Dover just in time for the ferry. We ______________ ______________ *(plan)* to sleep on the ferry but it ______________ *(not be)* really possible. We ______________ ______________ *(get off)* at Calais at about 3 o'clock this morning. Now we have to ______________ *(wait)* here in the ferry terminal for a few hours. Our bus ______________ *(not leave)* until 6 o'clock.

June 17th

Someone ______________ *(tell)* me a few days ago to buy a rail card. I ______________ *(look)* on the internet last night and I ______________ *(discover)* it ______________ *(cost)* £ 250 but it ______________ *(mean)* we can ______________ *(travel)* by train anywhere in Europe for a month – and ______________ *(sleep)* on the trains overnight, too.

June 15th

Tina and I ______________ *(buy)* lots of things for our trip; I hope we can carry everything. Tina ______________ *(not have)* a lot of money so we're going to camp. We ______________ ______________ *(borrow)* a tent and two rucksacks last weekend from my parents. But I ______________ *(not know)* which clothes to take with me.

June 1st

I ______________ *(live)* in my student flat since September. I ______________ *(meet)* a lot of people and I now ______________ *(have)* many new friends. I ______________ *(ask)* Tina yesterday if she wanted to come with me to the Continent in the summer holidays. She ______________ *(say)* she'd love to come.

subscribe | home |

13. **Future tenses** – Use the "**will-future**" or the "**going to-future**" to make the notes into full sentences.

- send Karen an e-mail (spontaneous)
- 27th Dec. – Venice
- cinema with friends
- dentist – tomorrow 4.30 p.m.
- next week: school holidays start
- Grandma is 70 – next month
- meet Luke – 11.00
- buy Julie a present: sometime next week

a) I'll send Karen an e-mail.

b) ______________________________

c) ______________________________

d) ______________________________

e) ______________________________

f) ______________________________

g) ______________________________

h) ______________________________

Talking about the future

14. **Passive voice** – Choose the correct verb form for each gap.

Ellie's flat __1__ sometime next week. Many things still __2__ before then. A lot of help __3__ to her by her friends already. The furniture __4__, but her pictures __5__ the walls later. The flat looks like it __6__ many years ago. It __7__ to Ellie last year by her parents, but until now she has never had enough money to paint the walls. The living room floor __8__ soon so that paint doesn't drip onto it. Once that __9__, Ellie's going to stay with her parents until the painting __10__.

Active and passive voice

1	☐ is decorated	☐ will be decorated	☐ has been decorated
2	☐ would be done	☐ have been done	☐ have to be done
3	☐ will be given	☐ is given	☐ has been given
4	☐ has been moved	☐ will be moved	☐ is moved
5	☐ was taken off	☐ are taken off	☐ will be taken off
6	☐ would be painted	☐ was last painted	☐ will be painted
7	☐ is given	☐ has been given	☐ was given
8	☐ will be covered up	☐ was covered up	☐ has been covered up
9	☐ has been done	☐ will be done	☐ had been done
10	☐ had been completed	☐ has been completed	☐ was completed

15. **Passive voice** – Put the verbs into the passive.

a) English ______________________ *(speak)* all over the world.

b) Last week a new crew ______________________ *(send)* up to the ISS.

c) Up to now Atlantis ______________________ *(not discover)*.

d) The door should always ______________________ *(lock)*.

16. **Infinitive or gerund?** – Read the information about three courses that are on offer at an activity centre. Fill in the gaps with either the *-ing*-form or the infinitive. Add a preposition where necessary.

1

______________ *(climb)* is a good sport, but you have ______________ *(be)* fit. If you want to learn ______________ *(climb)*, it's probably best to start ______________ *(do)* it on a climbing wall. There is no chance ______________ *(fall)* very far because you'll have a rope ______________ *(stop)* you from ______________ *(do)* that. After ______________ *(learn, climb)* on our wall we'll take you to a real mountain. We look forward ______________ *(see)* you on our course.

2

______________ *(windsurf)* is fun. On our courses we'll show you how to windsurf from the very beginning – you just shouldn't be afraid ______________ *(get)* wet. Before ______________ *(go)* onto the lake you'll learn how ______________ *(control)* the wind-surfer on the land. In this way, you'll avoid ______________ *(spend)* many hours in the lake trying to pull yourself back onto the windsurfer.

3

Have you ever been on a horse? ______________ *(ride – horse)* is a very nice way ______________ *(see)* the countryside. Our horses are friendly and there's very little danger ______________ *(have)* an accident with one. You'll never forget ______________ *(get)* onto a horse for the first time.

17. **Question words** – Read the advert and the answers to the questions carefully. Then write the questions.

a) ______________________________

______________________________?

The advert is for a party night.

b) ______________________________

______________________________?

There are three bands playing.

c) ______________________________

______________________________?

The party is in the Old Factory.

d) ______________________________

______________________________?

It starts at half past seven.

e) ______________________________?

It costs £ 7.50.

f) ____?

Because the last bus leaves at 3.00 a.m.

18. **Negation** – Make the following sentences negative.

a) They are learning English.

____

b) Mary drives a fast car.

____

c) We can take the next train to Manchester.

____

d) My homework is very hard today.

____

e) Noah plays football every weekend.

____

f) I am going to go to the theatre.

____

g) We have got your telephone number.

____

h) Jenny will make the cakes.

____

i) I read my new book for hours last night.

____

j) Lucy arrived late for her doctor's appointment.

____

Conditional sentences

19. Conditional sentences – Complete the gaps in the conditional sentences.

Message Insert Options Format Text

Send

To... amelia16@meyers.co.uk

Cc...

Subject: theatre visit

Hi Amelia,

If I had more time, I ______________ *(write)* a much longer e-mail to you. But I haven't, so this will be a short message. If you want a longer one, you ______________ *(have)* to wait until next week!

I was in London last week, as you know. If you ______________ *(be)* there, we could have gone to the theatre together. But that's why I'm writing. If you have time, ______________ *(you – want)* to come to the theatre with me next weekend? I noticed two or three more shows that I would love to see. Would you be interested in going if I ______________ *(get)* tickets? If you ______________ *(be)*, phone me tomorrow evening – I can book them online.

Oh, I almost forgot. Maxime ______________ *(come)* with me last week if he hadn't had to fly to Paris to meet his mum … but he wants to come with us next time if you ______________ *(not mind)*.

I ______________ *(send)* you the theatre details if you would like to see what's on.

Love, Sam

Reported speech

20. Reported speech – Write the following sentences in reported speech.

a) He says, "I want to listen to the radio because my favourite group are in concert today."

He says that …

b) She told us, "I think the book was better than the film."

____

c) He said, "Yesterday we lost the football match. We played badly."

____

d) The man explained, "I was here when the accident happened. It was no one's fault."

____

21. **Reported speech** – Two people tell you about one of their favourite objects. Write what they said in reported speech. In the first part of the exercise the words you need to change are underlined to help you.
Underline the words in the second part that need changing before you start.

a) George said, "This is the only trophy I have ever won. I don't need another reason to keep it, do I? It sits on a shelf and sometimes I show people my greatest sporting award."

George said that ...

b) Katy asked, "Why do I keep the teddy bear?" She answered, "I don't really know. I bought it during our holiday last year because it looks so happy. It sits here above my sofa, smiles across the room and makes me think of the nice holiday we had in Sweden. There is no other reason for keeping it. It's just a souvenir."

22. **Mixed grammar** – Write down the suitable form of the words or find a word or expression yourself where there is a "?".

A Little Boy's Dream – Disneyland

Walt Disney ... first theme park, Disneyland, opened in 1955. ... park became a huge success. Hundreds of thousands ... people visit it every year.
Walt Disney ... in 1901 as the fourth son of Elias and Flora Disney. His childhood was poor and bitter. There was only one period in ... he was happy: When he was five years old, his father tried to run a farm near the small town of Marceline in Missouri. After five years he ... give up the farm for financial reasons. The boy liked a lot of things about life on the farm; he particularly enjoyed ... for the animals. But what he liked ... was the quiet, uncomplicated atmosphere of nearby Marceline. He was fascinated ... the romantic charm of this small town in the Midwest. To him it was simply the ... town he knew.

a) ?
b) A/The/–
c) ?
d) bear
e) who/that/which
f) must
g) care
h) much
i) in/by/with
j) beautiful

a) ______________________________

b) ______________________________

c) ______________________________

d) ______________________________

e) ______________________________

f) ______________________________

g) ______________________________

h) ______________________________

i) ______________________________

j) ______________________________

23. **Mixed grammar** – Write down the suitable form of the words or find a word or expression yourself where there is a "?".

Just another day

Henry … began to move. His bed was the long corner bench of the old bus station just off Toddington's main street. He stood up, stretched his cold and aching body and began his … routine of packing up his belongings into a few plastic bags. He usually went to the market place, … somewhere comfortable to sit and played a few tunes on his tin whistle. Once he had earned enough money, he would buy his breakfast.
Henry shuffled towards the High Street … all he owned. He didn't like people that much. They scared … So he walked looking down at the pavement. After years of living on the streets Henry knew … to find things that he … use.
As he turned into the main street he saw a folded piece of paper on the ground. He put his plastic bags down and bent stiffly to pick it up. Money – … ten-pound note. This was enough … Henry with a week of breakfasts, but of course it wouldn't.
Henry woke up slowly on his usual bench in the bus station. Around him lay the bottles … he had emptied yesterday.
He was … He got up, collected his things together and packed them into his bags for just another day on the streets.

a) slow
b) day
c) find
d) carry
e) him / himself / his
f) ?
g) can
h) the / a / –
i) provide
j) who / whose / that
k) hunger

a) ______________________

b) ______________________

c) ______________________

d) ______________________

e) ______________________

f) ______________________

g) ______________________

h) ______________________

i) ______________________

j) ______________________

k) ______________________

2 Grundwissen – Wortschatz

Auch der Bereich „Wortschatz" ist kein eigenständiger Prüfungsteil in deiner Abschlussprüfung. Du brauchst aber einen breit gefächerten Wortschatz, um in der Fremsprache – sowohl in schriftlicher als auch in mündlicher Form – sicher kommunizieren zu können. In diesem Kapitel kannst du mit vielfältigen Übungen deinen Wortschatz wiederholen, festigen und ausbauen. Zu Beginn des Kapitels findest du eine Aufstellung zahlreicher Strategien zum Vokabellernen.

2.1 Strategien zum Bereich „Wortschatz"

Um im Bereich Wortschatz gut abzuschneiden, ist es wichtig, dass du langfristig und nachhaltig übst. Vokabeln zu lernen klingt nicht gerade aufregend, ist für den Erwerb einer Fremdsprache aber unerlässlich. Und es liegt an dir, kreativ zu sein und eine Methode zu finden, die dir vielleicht sogar ein bisschen Spaß macht. Je größer dein aktiver Wortschatz ist, je mehr Wörter du also in der Fremdsprache kennst und selbst in Gesprächen oder beim Schreiben anwenden kannst, desto treffender und abwechslungsreicher kannst du dich in der Fremdsprache ausdrücken. Um den aktiven Wortschatz zu vergrößern, gibt es verschiedene Methoden. Sieh dir am besten das Lernvideo ▶ zum effektiven Vokabellernen an und lies dir die folgenden Seiten gut durch.

Methode 1

Natürlich ist zunächst einmal das **Vokabelheft** zu erwähnen. Du weißt, wie es funktioniert: Richte dir auf jeder Doppelseite **drei Spalten** ein, eine für den englischen Begriff, eine für die deutsche Bedeutung und eine, in der du den Ausdruck in einem Beispielsatz verwendest. Zum Lernen deckst du dann jeweils eine Spalte ab.

Methode 2

Noch effektiver ist es, die Vokabeln mit einem **Karteisystem** zu lernen. Falls du gerne am Computer oder mit dem Smartphone arbeitest, findest du viele Programme/Apps, die dich dabei unterstützen. Du kannst die Vokabeln aber natürlich auch auf Papierkärtchen notieren. Schreibe den englischen Begriff auf die Vorderseite der Karte. Notiere dazu auch einen englischen Satz, in dem die Vokabel vorkommt. So lernst du gleich die Verwendung des Wortes mit. Notiere auch sonst alles, was zu dem Begriff gehört. Bei Verben solltest du z. B. nicht nur den Infinitiv, sondern ggf. auch unregelmäßige Formen oder die Präposition, die das Verb nach sich zieht, ergänzen. Auf der Rückseite der Karteikarte schreibst du die deutsche Bedeutung der Vokabel auf.
Die Karteikartenmethode hat im Vergleich zum Vokabelheft **Vorteile**:

- Du kannst die Karteikarten drei Stapeln zuordnen.
  Stapel 1: **Wörter, die neu für dich sind.** Diese Wörter solltest du mindestens jeden zweiten Tag durchgehen. Lies dabei auch immer den englischen Satz durch, den du auf der Karteikarte notiert hast. Manchmal ist es leichter, sich ein Wort im Satzzusammenhang zu merken als als einzelne Vokabel. Sobald du die neue Vokabel kennst, legst du sie auf Stapel 2 ab.
  Stapel 2: **Wörter, die du noch nicht so sicher im Kopf hast.** Diesen Stapel solltest du regelmäßig durchgehen und dabei die Vokabeln üben. Wenn du eine Vokabel sicher weißt, legst du sie auf Stapel 3 ab.
  Stapel 3: **Wörter, die du schon sehr gut beherrschst.** Diesen Stapel solltest du hin und wieder einmal durchblättern, um zu sehen, ob du alle Vokabeln noch richtig beherrschst.
  Eine App erkennt in der Regel selbst, welche Wörter du schon gelernt hast und welche du noch üben musst. Sie unterstützt dich dabei, die schwierigen Wörter in regelmäßigen Abständen zu wiederholen.
- Bei einem System aus Papier bist du dafür etwas freier bei der Zusammenstellung der Wörter. Du kannst die Karteikarten je nach augenblicklicher Lernsituation nach **Wortfeldern** (z. B. *weather: wind, to snow, sun*) oder nach **Wortfamilien** (z. B. *business, businessman, businesswoman, busy*) ordnen. Dabei bist du sehr flexibel und kannst die Wortfelder bzw. Wortfamilien jederzeit erweitern oder umbauen.
  Egal ob mit dem Smartphone oder auf Papierkärtchen, ein paar Vokabeln kannst du bestimmt auch einfach zwischendurch – z. B. auf dem Weg zur Schule oder ins Kino – wiederholen.

Bei beiden Methoden, Vokabelheft oder Karteisystem, solltest du dir auch sinnvolle Ergänzungen zu den Vokabeln überlegen. Manchmal kann dir ein **Bild** dabei helfen, dir ein Wort oder eine Wendung besser zu merken. Füge also Zeichnungen oder Fotos hinzu. Denke auch an die **Aussprache** und sage die Wörter beim Lernen am besten laut vor dich hin. Wenn du dir unsicher bist, kannst du dir in einem Online-Wörterbuch (z. B. „LEO“) die richtige Aussprache anhören.

Du kannst natürlich auch kreativ sein und dir deine eigene Methode zum Vokabellernen ausdenken. Das macht viel Spaß und bringt langfristig gesehen sicherlich den besten Lernerfolg. Je intensiver du dich mit dem Wortschatz beschäftigst, desto besser kannst du ihn dir einprägen und desto schneller hast du auch die passenden Wendungen parat, wenn du etwas sagen oder schreiben möchtest.

Methode 3

- Zeichne dir **Mindmaps** zu gelernten Vokabeln. Du kannst sie – auch hier wieder abhängig von deiner augenblicklichen Lernsituation – nach Wortfeldern oder Wortfamilien zusammenstellen. Diese Mindmaps kannst du an zentralen Stellen in deinem Zimmer aufhängen. Jedes Mal, wenn du daran vorbeikommst, gehst du die entsprechenden Vokabeln im Kopf durch.

Beispiel

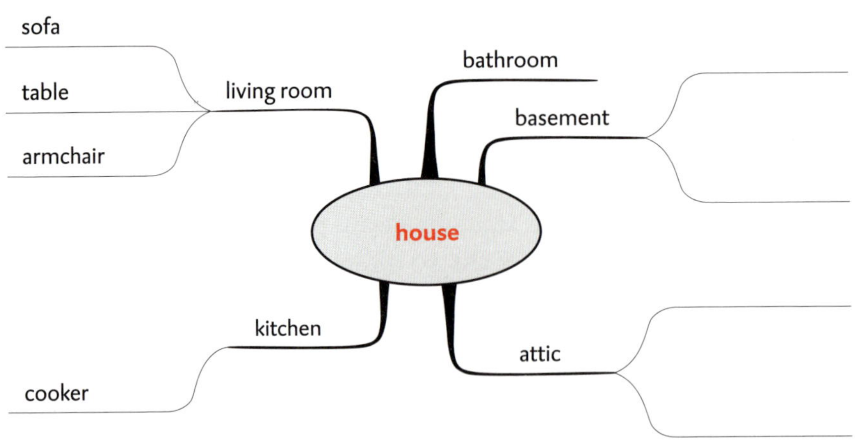

- Immer, wenn du eine neue Vokabel gelernt hast, schreibst du den Begriff auf einen Zettel und befestigst ihn am entsprechenden Gegenstand bei dir zu Hause. So klebst du beispielsweise einen Zettel mit dem Begriff „cupboard" an euren Küchenschrank. Das funktioniert zum Teil auch mit abstrakten Begriffen: Die Vokabel „proud" könntest du z. B. an das Regalfach heften, in dem deine Schulsachen sind. Denn sicherlich bist du stolz darauf, dass du in der Schule schon so weit gekommen bist, oder? Mit dieser Zettelmethode kannst du neue Vokabeln jedenfalls ganz einfach nebenbei, quasi „im Vorbeigehen", trainieren.
- Du kannst auch deiner Fantasie freien Lauf lassen und dir eine Methode überlegen, die dir gefällt, selbst wenn sie ein bisschen verrückt ist – z. B. Smartphone-Videos für verschiedene „feelings" zu drehen oder eine Collage mit Ausschnitten aus Filmplakaten zu erstellen, zu denen du Verben schreibst, die die „Action" beschreiben … Es liegt ganz bei dir.

Versuche grundsätzlich immer wieder, die neuen Vokabeln anzuwenden, am besten in einem vollständigen englischen Satz. Wenn du dich mit Klassenkamerad*innen unterhältst, könnt ihr daraus vielleicht ein richtiges Spiel machen.

Welche Methode du auch anwendest oder mit anderen Strategien kombinierst, lerne nie zu viele Vokabeln auf einmal! Am besten ist es, wenn du neue Vokabeln immer in kleinen Gruppen von sechs bis sieben Wörtern lernst. Lies sie dir zunächst ein paar Mal durch, wiederhole sie auch laut und lege sie dann für etwa 20 Minuten zur Seite. Dann fängst du von vorne an. Diese Pausen sind wichtig, damit sich das gerade Gelernte „setzen" kann. So wird es dir ein Leichtes sein, bald einen großen englischen Wortschatz anzusammeln.

Tipp

- Lerne langfristig. In der Fremdsprache einen großen aktiven Wortschatz zu haben, ist sehr wichtig.
- Lege ein Vokabelheft an oder arbeite mit einem Karteisystem. Lerne die Vokabeln im Satzzusammenhang.
- Lerne deine Vokabeln immer in Gruppen von sechs bis sieben Wörtern. Mache zwischen deinen Lerneinheiten regelmäßig kleine Pausen, damit sich das Gelernte „setzen" kann.
- Trainiere beim Lernen auch die Aussprache.
- Sei kreativ beim Vokabellernen: Zeichne Mindmaps, beschrifte die Gegenstände in deinem Zimmer, drehe ein Video …

2.2 Übungsaufgaben zum Bereich „Wortschatz“

1. **Word fields** – Complete the mind maps below.
   a) Use the words from the box to complete the three mind maps. You can use each word only once.

> ~~window~~ – pencil – rain – pupil – hot – living room – teacher – storm – exercise book – kitchen – subject – snow – floor – lesson – sun – bath tub – cold – bedroom

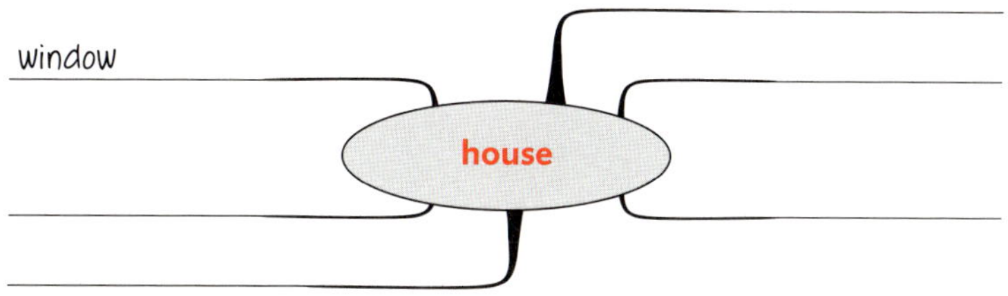

   b) Make a mind map for “furniture”. This time you do not have any help.

2. **Word fields** – Find the missing nationalities, countries and languages. Complete the table.

the people	the country	the language
(the) Australians	Australia	English
	England	
(the) French		
(the) Spanish		
		Italian
(the) Americans		
	Germany	
		Dutch
		Turkish
(the) Canadians		

3. **Word fields** – Fill in the missing words.

Peter moved to Poland two months ago. As he doesn't speak any Polish yet, he started a language course last week. The other students in his course are from many different countries. Jenny, for example, is from Manchester in the North of ________________. She's ________________. Jan comes from Amsterdam in ________________. He's ________________. Ismael is ________________. He's from Istanbul. Istanbul is in ________________. Then there's Pietro. He comes from Rome, the capital of ________________. Pietro only speaks ________________. Louise used to live in Paris. She's ________________. Many people in ________________ only speak ________________, but Louise speaks Portuguese and English, too. José is from Madrid, the capital of ________________. He isn't ________________, because he was born in Mexico, where people also speak ________________. The girl Peter likes the most is called Sophia. She's ________________. She was born in Quebec. That is why her native language isn't English, but ________________.

4. **Word fields** – Each job has something to do with an object, people or animals. Join them together.

❶	doctor	A	restaurant
❷	vet	B	boat
❸	pilot	C	pupils
❹	builder	D	plants
❺	mechanic	E	plane
❻	teacher	F	house
❼	sailor	G	cars
❽	gardener	H	hospital
❾	chef	I	animals

❶	❷	❸	❹	❺	❻	❼	❽	❾

5. **Words in context** – Read the following story carefully and fill in the missing words. You are only given the first letter.

London is the c__________ of England. It's a very l__________ city with m__________ interesting s__________. It's also a city with a great nightlife. There are lots of c__________, theatres, and, of course, clubs, r__________ and pubs. There is a__________ lots to do and see. You can v__________ Buckingham Palace or see Downing Street where the prime minister l__________. There is also a big wheel called the "London Eye". From the t__________ of it there is a f__________ view over London, but it is very h__________! The b__________ way to see London, though, is on f__________ or by a city tour on a r__________ double-decker b__________. London is a w__________ city – everyone should visit it s__________.

6. **Words in context** – Fill in the missing words and phrases. Add the preposition "of" where necessary.

On __________ (date: 5/8) last year I went to Paris for the day. The flight was only 75 minutes long. In Paris, I bought a lot of things. They had lovely biscuits, so I got six __________ *(Packungen)* very nice ones. Paris was very hot, so I had to carry a __________ *(Flasche)* water around with me all the time. I drank so many __________ *(Flaschen)* water I didn't count them all. I bought my mum a __________ *(Glas)* French marmalade and my dad a __________ *(Liter)* French wine. I had a great time!

7. **Crossword puzzle** – Find out the name of a famous American singer.

❶ Native Americans are the original ??? of America.

❷ During the so-called "??? Rush" in the nineteenth century many people came to California looking for the precious metal.

❸ The American bison, or ??? (as it is called by some people), nearly died out.

❹ The idea that everyone can make it if he or she tries hard enough is called the American ???.

❺ The Declaration of Independence from 1776 promises the right to life, ??? (= freedom) and the pursuit of happiness.

❻ ??? was not abolished until 1865 – before that time, most black people were "owned" by white people and forced to work for them.

❼ The Civil Rights Movement fought for ??? (= the same) rights for African Americans.

❽ President Kennedy called the United States a nation of ??? because many people came from other countries to live there.

❶	*	*	*											
❷	*	*	*	*	*	*					*	*	*	*
❸	*	*	*	*	*	*	*							
❹	*	*	*	*	*	*	*						*	*
❺	*								*	*	*	*	*	*
❻	*	*	*	*	*	*								*
❼	*	*	*	*						*	*	*	*	*
❽											*	*	*	*

The famous American singer who won the Nobel Prize for Literature in 2016 is ______________________.

8. **Opposites** – Make the opposite of each sentence. The word that you have to change is underlined.

a) The train is <u>late</u>.

____

b) I have just <u>caught</u> the last bus home.

____

c) I've <u>lost</u> my watch.

____

d) He's <u>bought</u> a car.

____

e) Julie's water bottle is <u>full</u>.

____

9. **Synonyms** – Find words or expressions which mean more or less the same as the underlined words.

a) The <u>frontier</u> between the USA and Mexico is 1,954 miles long.

b) The <u>entire</u> world was shocked when the popular actor died so young.

c) Last year he <u>at last</u> got the academy award he had been hoping for for so long.

d) <u>Huge</u> skyscrapers shape the skyline of Manhattan.

e) Do you have any plans to spend some time <u>abroad</u> after your GCSEs?

f) If you live in an English-speaking country for a few months, your English will <u>improve</u> significantly.

g) Just a few more miles. We're <u>almost</u> there!

h) When I saw her face, I knew <u>at once</u> what had happened.

10. **Definitions** – Write in complete sentences to explain the meanings of the following words.

a) century

b) to shake hands

c) a first aid kit

d) rubbish

e) school subject

f) to explore

11. **Word families** – Complete the following table of word families.

verb	noun(s)	adjective(s)	verb + preposition
to believe	belief	believable	to believe in (sb/sth)
to know			
		educational, educated	
to mean			
	success		
to differ			
		various, varied	
to act			
		spoken	
		inviting	

12. **Word forms** – Read the text. Write down the suitable form of the words or find a word or expression yourself where there is a "?".

I really like music. I have never played a ______________ *(music)* instrument in my life but I have always found ______________ *(sing)* fascinating. For me they are ______________ *(interest)* in two ways. First, I find that as time goes ______________ *(?)* they remind me of things that have happened in my ______________ *(live)*. I remember my first girlfriend, ______________ *(?)* example, by a song that was always on the radio at that time. Secondly, I'm fascinated with what the lyrics really ______________ *(meaning)*. It was only ______________ *(recent)*, for example, that I discovered what Bob Marley was singing about in his song "Buffalo Soldier". Buffalo soldiers were ______________ *(Africa)* who fought for the Americans against the Native Americans. June is also a ______________ *(create)* but maybe not very ______________ *(fame)* singer-songwriter. Although I ______________ *(probable)* won't remember many of her songs in the future, I can relate to the ______________ *(express)* of ______________ *(feel)* in her lyrics and enjoy her live ______________ *(perform)*. If you ever find the time, listen to a song carefully and try to find ______________ *(?)* what it is about and why it was written – you'll probably find it interesting, too.

13. Underline the correct word to use for each sentence.

a) Tim gave his *meaning* / *opinion* / *think* about the film to his friends.

b) On the *back side* / *backside* / *back* of the letter there was a small picture.

c) I'm going to *drive* / *go* / *run* to London by train.

d) We need to talk *on* / *about* / *to* the problems we have got.

e) It was *happily* / *warmly* / *terribly* wet in Scotland when we went there.

f) Can I *see* / *look at* / *watch* television, please?

g) Chloe isn't home yet but you can call her on her *mobile* / *handy* / *telly*.

h) I'm really looking *about* / *forward to* / *for* our holiday in Canada – I'm sure it'll be great!

i) Could you turn *off* / *out* / *in* the computer before you go to bed, please?

14. **Word forms** – Write down the suitable form of the words or find a word or expression yourself where there is a "?".

The Guinness Book of Records

You can easily find the … to any kind of questions in *The Guinness Book of Records*. This book lists interesting, funny and sometimes … records achieved by people, animals and plants. It also contains records set up by …, entertainment and hi-tech. … the book first appeared in 1955, it immediately became a bestseller in Britain. Since 1955 people have not only taken an interest … the records listed in the book, they have also tried to break records or to set new records because they want to get into the book with their own … You can even find facts in the book about the most stupid dinosaur, the Stegosaurus. This dinosaur must have been … stupid, since he was about nine metres long, … his brain was only as big as a walnut.

a) to answer
b) not – to believe
c) busy
d) When/While/Although
e) ?
f) to achieve
g) extreme
h) as/because/but

a) ______
b) ______
c) ______
d) ______
e) ______
f) ______
g) ______
h) ______

15. **Word forms** – Write down the suitable form of the words or find a word or expression yourself where there is a "?".

❤ St. Valentine's Day ❤ ❤ ❤ ❤ ❤ ❤ ❤ ❤ ❤ ❤ ❤

According to one Christian legend, the … Emperor	a) Rome
Claudius II ordered his soldiers not to … He believed	b) marriage
that married men would want to stay at home rather	
than fight in wars. A … priest by the name of Valen-	c) Christ
tine, however, married … couples … He was arrested	d) youth e) secret
and put to death on … for disobeying the Emperor's	f) 14/02
orders.	
Today … celebrate that day by sending Valentines to	g) love
chosen partners. Valentines are … cards with lyrics and	h) greet
symbols expressing affection.	
The cards are often sent anonymously. Instead of the	
sender's name there are symbols of love such as …,	i) ?
roses, rings or doves. In Britain and …, a lot of people	j) American
… that getting married on Valentine's Day is a guar-	k) belief
antee of long-lasting love.	
No wonder that register offices and churches are booked	
out for marriage ceremonies months in …	l) advanced

a) ______________________

b) ______________________

c) ______________________

d) ______________________

e) ______________________

f) ______________________

g) ______________________

h) ______________________

i) ______________________

j) ______________________

k) ______________________

l) ______________________

16. **Word forms** – Write down the suitable form of the words or find a word or expression yourself where there is a "?".

Ireland's Patron Saint

St. Patrick, the … patron saint, was probably born in Wales. As a boy he was kidnapped and taken to Ireland as a … He managed to escape and flee to the continent, where he became a priest and later a bishop. The Pope sent him back to the British Isles to bring Christianity to the Celts. … his mission he is said to have driven all the snakes out of Ireland into the sea, and indeed, there have been no snakes in Ireland to the … day.

Irish people … St Patrick's Day on 17th March. In Ireland this day is a … holiday. People attend mass and most businesses are closed, with the important … of restaurants and bars.

All over the world, people of Irish … celebrate this day. They dress in green, because Ireland is known as the "Green Isle".

Here's an … world record that was set up on St Patrick's Day in 2012: In Bradon, Ireland 1,263 people dressed up as leprechauns, … people!!

a) Ireland
b) slavery
c) While / During / Despite
d) presence
e) celebration
f) nation
g) except
h) original
i) amaze
j) 1,263 (in words)

a) ______________________

b) ______________________

c) ______________________

d) ______________________

e) ______________________

f) ______________________

g) ______________________

h) ______________________

i) ______________________

j) ______________________

Übungsaufgaben zu den Prüfungsbereichen

1 Listening

Hörverstehenstexte und die dazugehörigen Aufgabenstellungen können sehr unterschiedlich sein. Die Texte, die du im Rahmen von Klassenarbeiten und in der Abschlussprüfung zu hören bekommst, spiegeln meist **reale Sprechsituationen** wider, d. h., man kann solche oder ähnliche Texte im „wirklichen Leben" hören. Die Inhalte der Texte können von der Begrüßungsansprache eines Piloten über die Lautsprecheransagen an einem Bahnhof bis hin zu Nachrichtenmeldungen, Radiointerviews oder Alltagsgesprächen reichen. Es kann sich auch einfach um kurze Berichte oder Podcasts zu den unterschiedlichsten Themen handeln. Genauso vielfältig wie die verschiedenen Arten von Hörtexten können auch die Aufgabenstellungen ausfallen. In diesem Kapitel werden dir die häufigsten Textarten und Aufgabenstellungen zum Kompetenzbereich „Listening" vorgestellt.

1.1 Strategien zum Bereich „Listening"

Vorgehen in der Prüfung

In einer Klassenarbeit oder Prüfung hörst du den **Hörverstehenstext meist zweimal**.

Vor dem ersten Vorspielen des Textes hast du in der Regel genügend Zeit, dir die **Aufgabenstellungen** auf dem Arbeitsblatt **anzusehen**. Lies sie dir sorgfältig durch und überlege genau, um welche Art von Aufgabe es sich handelt und was von dir verlangt wird. Überlege schon vor dem ersten Hören, auf welche Kerninformationen es in den Aufgaben ankommt. Darauf musst du dich dann während des Hörens ganz besonders konzentrieren. Arbeitsschritt 1

Nun hörst du den Text zum ersten Mal. Zu den Aufgaben, die du während oder nach dem ersten Hören bereits beantworten kannst, kannst du gleich die **richtige Antwort aufschreiben oder abhaken**. Versuche, möglichst viele Aufgaben **während des Hörens** zu lösen, da die Pause nach dem ersten Hördurchgang oft recht kurz ist. Wenn du bei einer Aufgabe unsicher bist, grüble nicht darüber nach, wie die richtige Antwort lauten könnte, um nicht Gefahr zu laufen, die Lösungen zu den darauffolgenden Aufgaben zu verpassen. Lass einfach eine Lücke und versuche, die restlichen Aufgaben zu lösen. Du brauchst nicht nervös zu werden, wenn du nach dem ersten Hören noch nicht alle Lösungen notiert hast. Lass dich auch nicht verunsichern, wenn du nicht alles auf Anhieb verstehst. Die Texte enthalten absichtlich unbekannte Wörter, da du im Alltag auch in solche Situationen kommen wirst. Arbeitsschritt 2

Arbeitsschritt 3

Beim zweiten Hördurchgang kannst du zum einen deine **Antworten** noch einmal **überprüfen und** zum anderen die **noch verbleibenden Aufgaben beantworten**. Die Aufgabenstellungen folgen beim Hörverstehen der Textchronologie, d. h., wenn du z. B. die letzte Aufgabe zu einem Text nicht beantworten konntest, solltest du besonders am Ende des Textes aufpassen.

Tipp

- Vor dem ersten Hören: Worum geht es? Lies die Aufgabenstellungen genau durch.
- Während des ersten Hörens (und ggf. in der kurzen Pause danach): Trage die Lösungen zu den Aufgaben ein, die du schon beantworten kannst. Welche Informationen fehlen dir noch?
- Während des zweiten Hörens (und ggf. in der kurzen Pause danach): Löse die restlichen Aufgaben. Überprüfe noch einmal die Aufgaben, die du bereits beim ersten Hördurchgang gelöst hast.

Vorgehen beim Üben

Zu Übungszwecken kannst du dir die Hörverstehenstexte ruhig so oft anhören, wie du möchtest. Lies sie aber nicht durch! Versuche, die Arbeitsaufträge nur durch Zuhören zu beantworten. Nur wenn du überhaupt nicht auf die richtige Lösung kommst, solltest du die Hörverstehenstexte im Anhang dieses Buches lesen. Bei der Bearbeitung der Hörverstehensaufgaben in diesem Buch solltest du wie folgt vorgehen:

- Lies die Aufgabenstellungen genau durch. Hast du sie alle verstanden? Kläre unbekannte Wörter mithilfe eines Wörterbuches.
- Höre dir den entsprechenden Text einmal an, sodass du weißt, worum es darin geht.
- Höre dir den Text noch einmal an, wenn du den Text noch nicht so gut verstanden hast. Diesen Schritt kannst du so oft wiederholen, wie es für dich hilfreich ist.
- Versuche, während des Hörens die Aufgaben zu lösen.
- Wenn du alle Aufgaben bearbeitet hast, solltest du die Richtigkeit deiner Lösungen überprüfen, indem du dir den Text ein weiteres Mal anhörst.
- Anschließend überprüfst du deine Antworten am besten anhand des Lösungsbuchs (Best.-Nr. 31550L). Wenn du viele Fehler gemacht hast, dann überlege genau, wie sie zustande gekommen sind. Hast du den Hörtext nicht genau verstanden? Hast du die Fragestellung falsch verstanden? Lies gegebenenfalls den Hörverstehenstext durch und wiederhole die gesamte Aufgabe ein paar Wochen später.
- Versuche, mit der Bearbeitung jeder weiteren Hörverstehensaufgabe in diesem Buch die Zahl der Hördurchgänge zu reduzieren, bis du bei der in der Prüfung üblichen Anzahl angelangt bist. In der Prüfung werden die Texte in der Regel nur zweimal vorgespielt.

1.2 Häufige Aufgabenstellungen zum Bereich „Listening“

Multiple choice

Dieser Aufgabentyp ist dir bestimmt schon vertraut: Dir wird eine Frage mit mehreren möglichen Antworten vorgegeben und du musst entscheiden, welche Antwort am besten zum Inhalt des Textes passt. Meist weicht dabei die Formulierung der Aufgabenstellung etwas von der im Text ab. In manchen Aufgaben hast du mehrere Bilder zur Auswahl. Hier musst du entscheiden, welches Bild am besten zum Hörtext passt.

Beispiel

Text:	"I'm sorry I'm late. The bus didn't come so I had to walk home and get my bike."
Task and answer:	Tick (✓) the correct answer: Why was the man late? ☐ Because the bus was late and he cycled. ☐ Because he walked. ☑ Because there was no bus.

Filling in the missing information

Hier musst du fehlende Informationen meist in einer Tabelle ergänzen. Es ist aber auch möglich, dass du Sätze vervollständigen oder Formulare ausfüllen sollst. Da bei diesem Aufgabentyp detailgenaues Verstehen gefordert ist, ist es besonders wichtig, dass du die Aufgabenstellung bereits vor dem Hören des Textes aufmerksam durchliest, damit du weißt, worauf du beim Hören achten musst. Arbeite ganz konzentriert, damit du die geforderten Wörter beim Hören nicht verpasst. Wenn du ein Wort nicht sofort verstehst, grüble nicht darüber nach, sondern versuche, die restlichen Lücken auszufüllen. Dieses eine Wort kannst du beim zweiten Hördurchgang nachtragen.

Beispiel

Text:	The man's smartphone rang in the bus queue. He turned away to talk. When he turned around, the bus had gone without him.
Task and answer:	Fill in the missing information. The man missed the bus because he had <u>turned away</u> from it.

True or false

Auch diesen Aufgabentyp kennst du sicher schon lange aus dem Unterricht. Du sollst jeweils entscheiden, ob eine Aussage zum Hörtext richtig oder falsch ist. Auch hier wird die Formulierung in der Aufgabenstellung variiert.

Beispiel

Text:	"It was twenty minutes to the bus station."
Task:	Decide whether the statement is *true* or *false*.
Answer:	It was a long way to the bus station. true ☑ false ☐.

Matching

Eine weitere Aufgabenstellung, die häufig in Klassenarbeiten vorkommt, aber auch Teil der Abschlussprüfung sein kann, ist „matching“. Bei dieser Aufgabenstellung hörst du häufig kurze Äußerungen verschiedener Personen zu einem Thema, denen du dann die entsprechenden Aussagen *(statements)*, die dir schriftlich vorliegen, zuordnen musst.

Beispiel

Text:	**Jane:**	“I hate flying but sometimes I have to do it because of my job …”
	Mike:	“You’re lucky – I always have to work in the office.”
Task:	*Decide who could have said the following sentence:*	
	“Travelling is part of my work.”	
Answer:	☑ Jane	
	☐ Mike	

1.3 Übungsaufgaben zum Bereich „Listening“

Listening Test 1: Short dialogues

You will hear six short conversations. There is one question for each of the conversations.
Tick (✓) the correct answer to each question.

1. What must Rob buy?

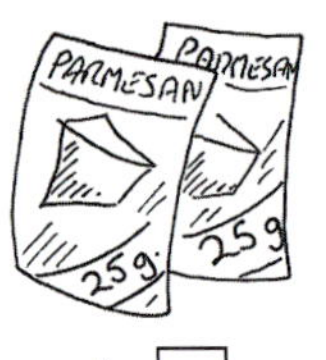

A ☐

B ☐

C ☐

2. What time does Tom arrive in school?

A ☐

B ☐

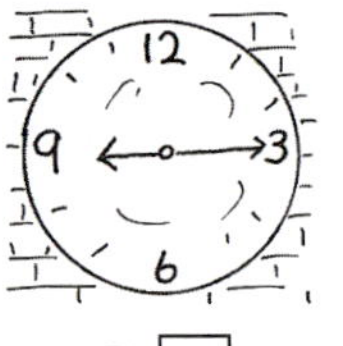

C ☐

3. Which poster do Vicky and Pete put on the school wall?

A ☐

B ☐

C ☐

4. Where does Mary post the letter?

A ☐

B ☐

C ☐

5. Which present doesn't June buy for her nephew?

A ☐

B ☐

C ☐

6. Where will John and Lynn go on holiday this year?

A ☐

B ☐

C ☐

Listening Test 2: Short texts

You will hear six recordings. There is one question for each recording. Tick (✓) the correct answer to each question.

1. Which group of people get onto the plane second?

A ☐

B ☐

C ☐

2. How will Daniel get home if his mum can't meet him?

A ☐

B ☐

C ☐

3. Which is the correct way to the hotel?

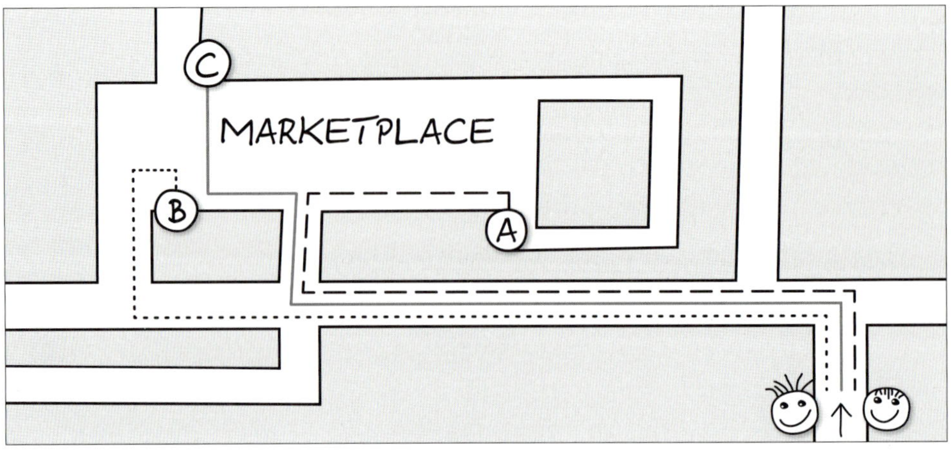

A ☐ B ☐ C ☐

4. What is Tom going to do now on Saturday?

A ☐

B ☐

C ☐

5. Where will each group of friends wait?

A ☐

B ☐

C ☐

6. Where was Lilly when she found out that she'd lost her camera?

A ☐

B ☐

C ☐

Listening Test 3: The German exchange

You will hear Aiden talking to his teacher, Mrs Jackson, about the German exchange.
Tick (✓) the correct answer to each question.

1. Why didn't Aiden receive the information?
   a) ☐ He was playing sport in a competition.
   b) ☐ He wasn't very interested at first.
   c) ☐ He wasn't feeling very well.

2. Does Mrs Jackson know when the exchange will be?
   a) ☐ She hasn't decided yet.
   b) ☐ Not exactly, but she knows which months.
   c) ☐ She is waiting to hear from Germany about the dates.

3. If Aiden goes, will he have a girl as a partner?
   a) ☐ No, he won't.
   b) ☐ Yes, he will.
   c) ☐ It is a possibility.

4. What happens on Friday?
   a) ☐ The English pupils and their partners go sightseeing all day.
   b) ☐ Everyone goes ice-skating.
   c) ☐ The English pupils meet their partners in the afternoon.

5. How do the group get to the school?
   a) ☐ They are met and taken to school.
   b) ☐ They go by train.
   c) ☐ Their partners' parents collect them from the airport.

6. What do the English group eat on the last evening?
   a) ☐ a Chinese meal
   b) ☐ something typically German
   c) ☐ pizza and pasta

Listening Test 4: Off the sofa and do it!

Listen to Sam and Beth talking about a windsurfing course.
Tick (✓) the correct sentence endings.

1. Sam was in town ...
   a) ☐ because he was meeting his friends.
   b) ☐ to buy a birthday present.
   c) ☐ to get some details about something.

2. To do the course you must ...
   a) ☐ be able to swim.
   b) ☐ be able to swim well in the sea.
   c) ☐ have tried windsurfing before.

3. Beth knows where the beach is because ...
   a) ☐ she takes her children there.
   b) ☐ she went there when she was young.
   c) ☐ she likes walking there.

4. To get to the sailing club you have to ...
   a) ☐ turn left after the car park.
   b) ☐ drive through the car park.
   c) ☐ turn left before the car park.

5. The first lesson is ...
   a) ☐ on land.
   b) ☐ on the lake.
   c) ☐ on the sea.

6. On the windsurfer, you must stand ...
   a) ☐ between the arrows.
   b) ☐ on the lines.
   c) ☐ where the footprints are.

7. What is difficult is ...
   a) ☐ getting the sail out of the water.
   b) ☐ climbing back onto the windsurfer after falling off it.
   c) ☐ turning the windsurfer around.

Listening Test 5: My Norfolk

You will hear John Watson talking about three big country houses in Norfolk. Answer the questions.

When did King Edward buy Sandringham House?	1. ______
When can't you visit Sandringham House?	2. ______
What is around Holkham Hall?	3. ______
Name the ways Holkham Hall earns money.	4. ______ 5. ______ open air concerts
Who was the first owner of Houghton Hall?	6. the first ______
What is Houghton Hall now being used for?	7. as an ______

Listening Test 6: Things you didn't know about London

You will hear someone talking about London and some unusual facts about it. Complete the sentences.

London sees about …	1. ______ visitors a year.
Oslo's present for London is for …	2. ______
The money from *Peter Pan* goes to a …	3. ______
The Tube was the world's …	4. ______
While a station was being made the builders found …	5. ______
The Shard, a famous building in London, is …	6. ______ high.
Many tall buildings have …	7. ______

Listening Test 7: The California Gold Rush

Listen to a television presenter and an expert talking about the California Gold Rush. Tick (✓) the correct ending to each sentence.

a gold nugget

1. The first person to find gold was …
   a) ☐ a Native American.
   b) ☐ a settler.
   c) ☐ an Englishman.

2. The gold nugget was discovered in …
   a) ☐ a sawmill.
   b) ☐ the hills of California.
   c) ☐ a river.

3. On the nugget there are …
   a) ☐ teeth marks.
   b) ☐ many chips missing.
   c) ☐ three tests done.

4. The news about the nugget …
   a) ☐ went quickly across America.
   b) ☐ was stopped at first by the government.
   c) ☐ travelled slowly.

5. People in New York first learnt about gold in California …
   a) ☐ through a newspaper article.
   b) ☐ from stories about it.
   c) ☐ from a member of Congress.

6. People travelling west to seek gold …
   a) ☐ usually did not have a family.
   b) ☐ often had wrong expectations.
   c) ☐ knew they would have to work hard.

7. Van Valen's wife …
   a) ☐ moved to California to help her husband.
   b) ☐ only earned $ 500 in two years.
   c) ☐ had a very difficult life.

8. Most of the gold seekers …
   a) ☐ were successful enough to have comfortable lives.
   b) ☐ did not make a lot of money.
   c) ☐ returned home after a few years.

9. One result of the gold rush was that California …
   a) ☐ now appeared on maps.
   b) ☐ became very rich.
   c) ☐ joined the USA.

Listening Test 8: The Stolen Generations

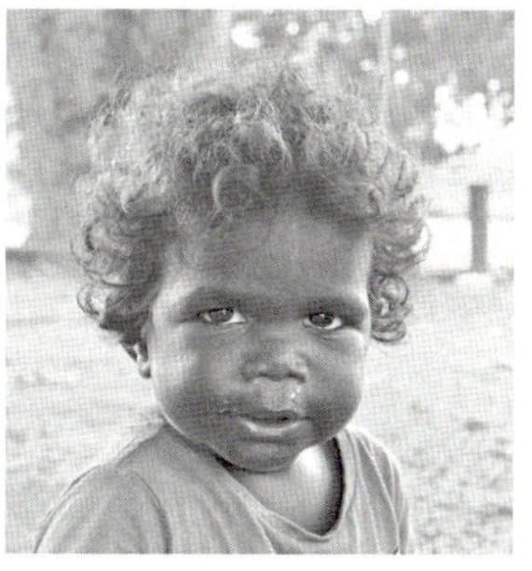

You will hear a radio interview between the presenter, Greg Masters, and his guest, Jenny Green, talking about Australia's "Stolen Generations".

Decide whether each sentence is true or false. Put a tick (✓) in the correct box *true* or *false.*

	true	false
1. The Aboriginal children were taken away from their families up until about 1970.	☐	☐
2. The governments wanted to help Aboriginal people integrate.	☐	☐
3. Most Aboriginal people thought their culture was better than the whites'.	☐	☐
4. Most children were put into homes close to their families.	☐	☐
5. The children had to take new names and speak English.	☐	☐
6. In the homes, Aboriginal children received a good education.	☐	☐
7. The government has never said sorry to the Aboriginal community.	☐	☐
8. The problem has still not been completely solved.	☐	☐

Listening Test 9: What can be done?

Read the following sentences carefully and then listen to the radio interview about the problems that some young people have today. Are the sentences *true* or *false?* Tick (✓) the correct box.

	true	false
1. Two of the main problems have got better.	☐	☐
2. There is still some cigarette advertising.	☐	☐
3. Smoking is expensive in Britain.	☐	☐
4. Small children regularly drink alcohol as well.	☐	☐
5. Real situations are used for alcohol awareness.	☐	☐
6. British people don't have ID cards.	☐	☐
7. Computers are a problem for young people.	☐	☐

Listening Test 10: Environment views

You will hear a radio interview where two young people are talking to the presenter about the environment. Decide whether each sentence is *true* or *false.* Put a tick (✓) in the correct box *true* or *false.*

	true	false
1. New energy sources are always welcomed.	☐	☐
2. It's quicker for Lewis's mum to take the car than to walk.	☐	☐
3. Public transport used to be better.	☐	☐
4. People could be encouraged to leave their cars at home.	☐	☐
5. Tourism can only make places better.	☐	☐
6. There's a danger that the same mistakes will happen again.	☐	☐
7. Cooperation is on the wish list.	☐	☐

Listening Test 11: Five-star hotel or wilderness?

Listen to the survey. Some people are talking about how they usually spend their holidays. Who thinks what? Write the correct letters in the chart.
Be careful: There is one more statement than you need.

A We can't afford to stay at a hotel.

B I usually go on city trips.

C I don't want to be a tourist in the traditional sense. I want to meet local people and see their home town through their eyes.

D I always visit my best friend, who lives far away.

E Couchsurfing is too risky.

F I like camping, but I don't want to sleep on the forest floor.

G I love being outdoors.

H I want nature, silence and luxury.

John	Olivia	Hailey	Carter	Josh	Sara	Lara

Listening Test 12: What's on your plate?

Listen to the survey. Some people are talking about their eating habits.
Who thinks what? Write the correct letters in the chart.
Be careful: There is one more statement than you need.

A I don't eat any animal products at all.

B I want to eat fewer sweets.

C Cooking for me means heating up what's in the freezer.

D Cooking is too much work for one person.

E I grow my own fruit and vegetables.

F I'm a meat-eater and I love barbecues.

G I always eat out at expensive restaurants.

H I'm not a strict vegetarian.

Henry	Liam	Clare	Finn	Colin	Hanna	Tessa

2 Kompetenzbereich: Reading

Es gibt viele verschiedene Arten von Texten, wie z. B. Werbetexte, Kochrezepte, Bedienungsanleitungen, Bewerbungsschreiben und Lebensläufe, E-Mails und Briefe, Tagebuch- oder Blogeinträge, Zeitungs- und Zeitschriftenartikel, Interviews, Kritiken und literarische Texte. Ebenso vielfältig wie die Textsorten können auch die Aufgabenstellungen dazu sein. Die Textsorten und Aufgabentypen, die am häufigsten in Klassenarbeiten und in der Abschlussprüfung vorkommen, werden dir hier vorgestellt.

2.1 Strategien zum Bereich „Reading"

Je nachdem, welche Art von Lesetext oder welche Art von Aufgabenstellung du bearbeiten musst, unterscheidet sich die Vorgehensweise. Manchmal musst du die Gesamtaussage des Textes erfassen *(reading for the gist)* und manchmal sollst du Details aus dem Text herausfinden. Du musst dann den Text nach den geforderten Informationen durchforsten (*skimming* oder *scanning*).

Arbeitsschritt 1

Zunächst einmal ist es sinnvoll, den Text an sich ganz genau zu betrachten. Manchmal kannst du bereits am **Layout**, d. h. an der Gestaltung des Textes, erkennen, um welche **Textsorte** es geht. Wenn du weißt, ob der dir vorliegende Text eine Werbeanzeige, ein Zeitungsartikel oder ein Interview ist, dann bist du schon einen Schritt weiter. Da der Bereich „Reading" in der Abschlussprüfung aus mehreren Teilen besteht, kommen darin auch verschiedene Textsorten, wie z. B. Werbeanzeigen und Sachtexte, vor.

Arbeitsschritt 2

Als Nächstes solltest du den **Text** einmal **genau lesen**. Die meisten unbekannten Wörter kannst du ganz leicht aus dem **Sinnzusammenhang erschließen**. Lass dich also nicht aus der Ruhe bringen, wenn dir das eine oder andere Wort unbekannt ist. Schlage nur die Wörter im Wörterbuch nach, die du nicht erschließen kannst, die aber für das Verständnis des Textes wichtig sind. Ganz entscheidend ist, dass du dir bei diesem Arbeitsschritt einen guten **Überblick über den Inhalt** des Textes verschaffst.

Arbeitsschritt 3

Nun solltest du die **Aufgabenstellungen genau lesen**, damit du weißt, unter welchen Aspekten du den Text bearbeiten sollst. Wenn du jetzt den Lesetext im Hinblick auf die jeweiligen Aufgabenstellungen liest, kannst du dabei ganz gezielt wichtige **Schlüsselwörter** bzw. **Textpassagen markieren**, damit du sie bei der Bearbeitung der Aufgaben schnell wiederfindest.

Nun bist du für die Beantwortung der Aufgaben gut gerüstet!

Tipp

- Schaue dir den Lesetext genau an. Kannst du vom „Layout" auf die Textsorte schließen?
- Lies den Text genau durch und verschaffe dir so einen guten Überblick über den Inhalt.
- Lies die Aufgabenstellungen sorgfältig. Markiere beim nochmaligen Lesen des Textes wichtige Textaussagen im Hinblick auf die Aufgabenstellungen.

2.2 Häufige Aufgabenstellungen zum Bereich „Reading"

True or false

Hier musst du entscheiden, ob **Aussagen** zum Text **richtig** oder **falsch** sind. Es ist wichtig, dass du sowohl den Text als auch die „statements" genau liest, denn ein einziges Wort kann ausschlaggebend sein, ob ein Satz korrekt ist oder nicht. Manchmal wird darüber hinaus von dir verlangt, dass du deine Entscheidung belegst. Du musst dann in der Regel die betreffenden Zeilen angeben; gelegentlich sollst du die genaue Textstelle zitieren.
Der Aufgabentyp „true or false" kommt in der Abschlussprüfung oft in Verbindung mit mehreren Werbeanzeigen, aber auch mit Sachtexten, vor.

Beispiel

Text:	The first U.S. American boot camp for teenagers was created in the 1980s to reduce the number of young criminals.
Task:	Decide whether the following statement is *true* or *false*.
Statement:	Boot camps have existed in the USA for about 15 years. true ☐ false ☑
Hinweis:	*Da seit den 1980er-Jahren schon weit mehr als 15 Jahre vergangen sind, ist diese Aussage falsch. Als Beleg könntest du „first U.S. American boot camp … created in the 1980s" angeben.*

Dieses Buch soll dir beim Üben helfen, also rate nicht einfach. Wenn du die Antwort nicht weißt, dann lass eine Lücke. Markiere die Fragen, bei denen du dir nicht sicher bist. Schaue im Lösungsteil erst dann nach, wenn du die ganze Übung bearbeitet hast, und versuche zu verstehen, warum die Antwort so und nicht anders lauten muss. Am besten wiederholst du diese Aufgabe zu einem späteren Zeitpunkt.

Matching

Es gibt verschiedene Arten von Zuordnungsaufgaben. Häufig sollst du einzelnen Textabschnitten eine passende Überschrift zuordnen oder umgekehrt: Dir werden Überschriften vorgegeben, zu denen du passende Abschnitte im Text finden musst. Manchmal musst du auch verschiedenen Personen, Ländern, Organisationen etc. Informationen oder Aussagen zuordnen.
In der Abschlussprüfung liegen dir meist einige Personenbeschreibungen vor. Du sollst diesen Personen dann einzelne kurze Texte oder Textabschnitte zuordnen, in denen es z. B. um Hobbys, Nebenjobs oder Reiseziele geht. Fast immer ist es so, dass mehr Auswahlmöglichkeiten als Personen vorgegeben sind – du musst also ganz genau hinsehen und darfst dich nicht in die Irre führen lassen.

Text:	① Harry studies English literature at university. He likes the theatre but he doesn't like musicals or comedy very much. One of his favourite plays is coming to London soon so he and a few friends are going to watch it. ② Sam … ③ Kim … **A** Macbeth **B** The Lion King **C** The Phantom of the Opera
Task:	Match each person (e. g. ① – ③) to the show they are going to watch (e. g. A – C)
Answer:	see table below

Harry	Sam	Kim
A	…	…

Multiple choice

Bei diesem Aufgabentyp werden dir der Anfang eines Satzes und **verschiedene Satzenden** oder Fragen mit mehreren Antwortmöglichkeiten vorgegeben. Aus diesen Möglichkeiten musst du diejenige auswählen, die am besten zum Inhalt des Textes passt, und **das richtige Kästchen abhaken**. Oft wird in der Aufgabe nicht genau dieselbe Formulierung verwendet wie im Text; du musst also nach Schlüsselwörtern mit einer ähnlichen Bedeutung suchen und den Text und die Wahlmöglichkeiten genau vergleichen.

Beispiel

Text: In South Africa, young people born after 1994 – the year when Nelson Mandela was elected the first black president – are often referred to as "born frees". They are the first generation to grow up in a free and democratic society, the first who no longer experienced the system of racial segregation that had characterised South Africa for almost half a century.

Task and answer: Tick (✓) the correct box.
"Born frees" …

- ☐ are young people who were born in 1993 or earlier.
- ☐ never knew Nelson Mandela in their lifetime.
- ☑ were born when racial segregation had already been abolished.

Short answers / Filling in gaps

Manchmal sollst du auch Fragen zum Text beantworten oder Beispiele für bestimmte Sachverhalte aus dem Text heraussuchen. Lies den Text bezüglich der Aufgabenstellung aufmerksam durch und markiere die entsprechenden Textstellen. Meist reicht es, wenn du in Stichpunkten antwortest, gelegentlich musst du aber auch einen ganzen Satz formulieren. Es kann auch vorkommen, dass bereits ein Satz vorgegeben ist und du nur eine Lücke vervollständigen musst. Lies also die Aufgabenstellung ganz genau und halte dich an die Vorgaben.

Beispiel

Text: Many projects for volunteers in Australia focus on the protection of wildlife, such as looking after endangered animals like the tree kangaroo or the southern hairy-nosed wombat. By collecting rubbish or planting trees, volunteers can help to restore the typical living space of these species.

Task and answer: What can volunteers do to protect the living space of endangered species? Give two examples from the text:

- collect rubbish
- plant trees

2.3 Übungsaufgaben zum Bereich „Reading“

Reading Test 1: What can we do today?

On holiday, the Meyers saw some interesting adverts for different activities and places to visit. Read the adverts on the next page carefully, then decide whether the statements below are *true* or *false*. Tick (✓) the correct boxes.

	true	false
1. If it's raining, you can't go sky walking.	☐	☐
2. The Westwoods know some ghost stories.	☐	☐
3. Children can feed some of the animals.	☐	☐
4. You can't choose what you eat on your picnic.	☐	☐
5. Lord and Lady Westwood love people visiting their new house and gardens.	☐	☐
6. Sky Walking is open to everyone.	☐	☐
7. You can visit Westwood House at any time during the day.	☐	☐
8. A day's driving may cost you more than £ 150.	☐	☐
9. You can't go to the zoo on a Saturday.	☐	☐
10. Famous people stayed at Westwood House.	☐	☐

1

Then walk through the treetops! Try our course through the trees at heights of 15 metres above the ground – jump, climb, swing and much more.

Open dry days only:
Daily 9.00 a.m. – 6.00 p.m.
Price: **£ 8.50** – no under 16-year-olds

No booking, just arrive – safety lessons given, and then off you go.

2

Westwood House and Gardens

Lovely 15th-century house with beautiful gardens.

•

Book a visit now and have a tour around the house by the owners, Lord and Lady Westwood.

•

Listen to the stories and see the rooms where people came and made history – ghosts and more.

Open for private tours only. Tel: 0781/5618
Prices: £ 9.45 adults / £ 7.50 children under 16

3

TIGBY ZOO

Enjoy a great day out at Tigby Zoo.

Tigers, lions, bears and lots more – look down on the apes and the monkeys from the treetop walk.
Visit our restaurant; feed the animals in the Children's Corner.

Prices:
£ 12.50 adults
£ 6.50 children under 16

Open: Mon – Sat
9.00 a.m. – 8.00 p.m.

4

Picnic in style

We provide the elegant picnic with homemade food, you choose one of our 20 old cars.

from £ 150 a day (10 hours)

We'll even suggest where to go and what to see.

CARS and more
0716/44552

Reading Test 2: A birthday present

Holly and Luke are looking for a birthday present for their mum, who is adventurous, but not very good at sports. They have found some very interesting adverts. Read the adverts carefully, then decide if each statement is *true* or *false*. Tick (✓) the correct box.

1

THE Mountain Bike Experience

Four different levels of tracks to follow:
blue for **beginners** to **black** for **experienced mountain bikers**.

- Bikes can be hired by the hour or by the day.
- We even have a limited number of e-mountain bikes (booking in advance).

To book in advance, send an **e-mail** to: info@forestbikes_centre.uk
Phone: 09765/45670

Price: £ 3.50 (hour) / £ 20 (day)
Open: April 1st until November 15th–10 a.m. to 6 p.m.

2

Back to the Wild

With our experienced leaders, you'll learn how to camp without a tent and what to cook without going to the supermarket!

Interested? Phone **0379/232323** today for a brochure with all the details, dates and prices, or look on our website: www.bewild_hillside.co.uk

3

Every weekend in July and August
we offer 30-minute

flying experiences

in the afternoons
from 1 p.m. – 6 p.m.

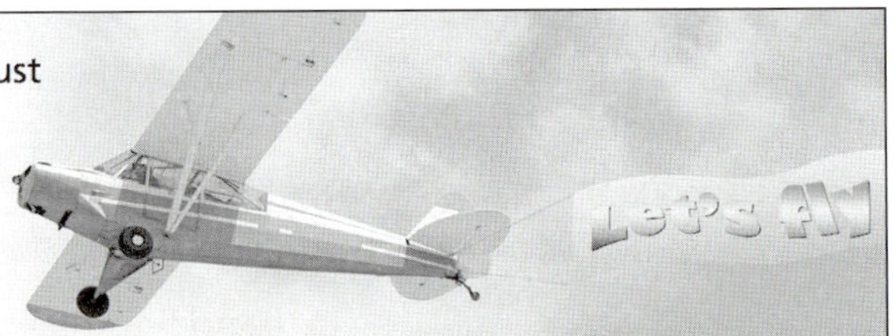

It's a great present for someone – or something just for yourself.
Whatever the reason, book now! It'll be the best 30 minutes of your week!

Each plane can take 1–3 people. Price per take-off: £ 40
Phone the airport and ask for Sabrina.

4

CHOCOLATE DAY

Chocolate is beautiful! Listen to the history of how chocolate came to Britain and watch how we do wonderful things with it. Then try making any chocolate fantasy you have yourself – from a **chocolate handbag** to **chocolate-covered strawberries**!

Phone: Jenny and Jason on 0921/39678 to book a place on the "Chocolate dream course" or fill in the form on our website: **www.chocfan.smallbusiness.com**

	true	false
1. All you need to bring is a tent.	☐	☐
2. It is cheaper if there are three people.	☐	☐
3. E-bikes are available all year.	☐	☐
4. You can only go flying during the week.	☐	☐
5. If you have a dream, you might be able to make it.	☐	☐
6. There is a route for everyone.	☐	☐
7. You will need to bring your own food.	☐	☐
8. You can only phone to book this special present.	☐	☐
9. They show participants what they can do first.	☐	☐
10. Holly and Luke's mum would go on the black track if her birthday present was "The Mountain Bike Experience".	☐	☐

Reading Test 3: Charities

1. Who supports which charity? There are seven charities. Each of the five people or groups of people (①–⑤) have a favourite charity. Decide who supports which charity. Write the name of the charity next to the numbers.

Mr Davies is an architect. He works in London but loves going into the countryside looking at castles and other interesting buildings. He always takes photographs of them and sometimes he imagines how he could make them into something else. Last year he bought an old windmill and then spent twelve months making it into his own home. He's really proud of it and says he'll never sell it.

Jenny and her husband met when they were in Kenya. He was working as a doctor in a small village hospital and she was teaching the children there. She laughs about the school now because it only had one classroom and fifty children of all different ages. She now works in a school with over 1,000 pupils and lots of everything, but she misses her work in Africa and the feeling of really making a difference.

The Smith family have got two children. They live in a small village in the north of England where they recently moved to from London because they want to live in an unpolluted environment. They have two dogs and two cats and the whole family loves riding horses. The children always play outside somewhere or in their big garden.

4

Mike loves the weekends. Last year he went on a sailing course on a lake near where he lives. Now he and a friend go sailing every weekend. The lake was boring once he had learnt to sail so now they go to Brancaster, which is on the coast. The coast there is beautiful and he loves the peace and quiet. It is fun sailing on the sea but it can be dangerous.

5

At 13, Charlie was spending most of her time drinking vodka with her mates in an old disused factory. At 15, she was pregnant, and at 17, she was in a young people's prison. When she got out, she met Ralph, who helped her get a job and to stay away from her old life. She's now 34 and her life is getting better every year.

Action Now

Action Now helps very poor families and their children in different parts of the world to have a better future. For many children in developing countries, life is a daily fight to survive. With little food, polluted drinking water, disease and no schools, the future is not good for these people.

Action Now helps these poor families and their children.

- It starts village schools so children can learn to read, write and do maths.
- It helps with other projects, too, like providing the materials needed to bring fresh water to a village.

We help these poor families and their villages to help themselves so that they can have a better future.

The RNLI

The Royal National Lifeboat Institution is an emergency service for the sea.
We get no money from the government and we have few employees.

- *Most people are volunteers.*
- *Our members risk their lives every day saving other people.*

Sometimes a boat's engine has broken down or sometimes someone is very ill on a yacht and needs to go to hospital quickly, sometimes we rescue people who have fallen down a cliff, and sometimes we even have to rescue someone's pet that is stuck on the rocks.

► *The service is free but to keep it we need your money.*

WILD TRUST

Wild Trust was started about fifteen years ago. It helps to protect the countryside in many different ways.

- It looks after the birds and the animals found on its land.
- It tries to bring people closer to nature and shows them how important it is for everyone.
- We make special projects, too, for example building paths for countryside walks.
- We even have our own hospital for injured animals and birds that are found not just by us but by people in the area.

Our future plans are to buy a forest and keep it as a place of special interest for people to enjoy. We also want to try and protect an area of the coast so that people can see how it should be and not full of litter and tourists.

Don't Fall Down

Have you ever seen wonderful old buildings not looked after? They look dirty, high grass takes over the gardens and ivy grows quickly up the walls and over the roofs. The roofs then often collapse, windows become broken and walls get damaged. Suddenly, a beautiful old building becomes a ruin.

We want to look after these historic buildings.
We like to rebuild them and make them beautiful again.

Sometimes they become museums or activity centres but whatever they become they are given a life once again. Instead of being a horrible broken-down eyesore, they are returned to how they once were. If you support Don't Fall Down, then you're supporting your heritage for future generations to enjoy.

Care

Lots of old people have problems, especially in villages with only one shop, few buses and no doctor. Often they need small repairs done to their houses, too, but most businesses aren't interested in doing five-minute jobs.

What do we do? We have:

- a free car service for old people.
- lots of young people who mow lawns and do gardening.
- many specialists, from electricians to builders, who have recently stopped working or give up a few hours a week to help.

But these services need money – for petrol, for tools and for many other things. Please help us continue our good work.

Off the Streets

Off the Streets began about 3 years ago when its founders, Harry and Kate, saw that young people in a poor area of Manchester had little to do and nowhere to go. These young people were bored: they vandalised things, joined gangs and started drinking and using drugs.

Harry and Kate knew they could help.

- They rented an old school building with a field.
- They got a group of the kids to say what they needed: a skateboard area, a football pitch, table tennis tables, and a lot more.

Off the Streets was a huge success. Harry and Kate now want to start another centre in Leeds. Can you help to finance this?

Lakeland Mountain Rescue Centre

What could be better than walking up high mountains for a fantastic view over the lakes of Northern England or testing your skills by climbing some of the rock faces in the area? But accidents happen. Last year alone:

- we saved the lives of 72 people: some got lost in thick fog; some had fallen and broken a leg or an arm.
- it cost £ 200,000 to save lives and to keep our vehicles and equipment up to date.
- each of our volunteers worked for an average of 120 hours – for free.

If you love walking or climbing and the mountains, then help us keep this service.

	name of the charity
①	
②	
③	
④	
⑤	

2. Fill in the chart with the information from the adverts.

① problems in developing countries (4 aspects)	• • • •
② what a ruin often looks like (3 aspects)	• • •
③ problems which old people in small villages often have to deal with (2 aspects)	• •
④ charities that save injured people (2 charities)	• •
⑤ a charity which owns land	
⑥ serious problems among bored young people in a troublespot in Manchester (3 aspects)	• • •
⑦ what Care uses the donated money for (2 examples)	• •
⑧ what rebuilt or renovated buildings are sometimes used as (2 examples)	• •
⑨ what a charity offers young people in order to prevent them from getting into trouble (2 aspects)	• •
⑩ a charity which wants to raise awareness for the environment	

Reading Test 4: The Royal Theatre

1. The following five people (①–⑤) all want to go to the theatre. Everyone goes to see a different performance (A–G). Decide who goes where. Write the correct letter of the theatre production under the person's name.

① 

Harry is studying English at university. At the moment he's reading some well-known plays. He loves one play especially. It's a power struggle with lots of evil things happening and strong characters in it. Harry thinks this theatre performance, therefore, would be good to watch.

② 

Brooke, who is not easily scared, loves true stories and especially older ones that are a bit strange. She doesn't like musicals that much but if a friend wants to go to one she will. Today she's by herself so she can decide on something she really wants to watch.

③ 

Amy wants to give her grandchildren a surprise. The children and their parents are going on holiday to France soon. Amy isn't going with them because the children asked her to look after their animals. They're all animal mad. She's looking forward to seeing them again after Easter and then she can give them her surprise.

④ 

Rory has just started his own band and is a great America fan. He'd love to go to the States but he hasn't got much money. He always criticises a lot of pop stars for singing songs without any meaningful lyrics. Tonight he's going to the theatre with some of his friends.

⑤ 

Harper works in a busy office and has two younger brothers and a sister – she loves the idea of going somewhere with them all and having lots of fun and adventures. She's bought everyone a ticket to see this show because it might give them an idea for next year.

ROBINSON CRUSOE

(A)

Wonderful family entertainment to begin the summer holidays. Everyone knows the story of Robinson Crusoe and how he has to live alone on a small island. But this story starts before Daniel Defoe's famous book. First the hero is attacked by pirates, then he goes to America. After that, when sailing to South America, he finally ends up on the island by himself until he saves Man Friday from the cannibals who arrive for their barbecue! There's lots of fun for all the family. It's a story for anyone over 7 years old.

B

Summer Holiday

A real summer holiday musical for the family. It makes you laugh, it makes you happy and it makes you sing the songs for weeks after you've left the theatre. It's just fun, fun and more fun, with lots of '50s and '60s music, too.

A group of young people decide to go "where the sun shines brightly" in a red, London double-decker bus which they have converted into a very big camper. They travel across Europe having fun and enjoying themselves but they're always being chased by the mother of Bobby, one of the young people. Bobby isn't just any normal girl, she's a famous singer in disguise. Her agent also wants her back in England, so he, too, wants to catch up with the group of young people.

C

Macbeth

Witches, blood, murder. What more could anyone want for a good night at the theatre? Shakespeare's Macbeth has something for everyone. The play starts with Macbeth on his way home after a battle meeting three horrible old witches in the middle of a storm.

They tell him he will become King of Scotland, which Macbeth wants very much. Macbeth and his wife murder the King and then Macbeth takes over. But the ending is not a happy one for Lady Macbeth or the new King of Scotland. Fast, brutal and the best play this year.

D

Jack

Scary! You won't want to walk down the East End streets of London at night after this performance.

In 1888, five women were violently murdered. The crime shocked everyone because they had been killed in such a terrible way. Who did it?

This play will have you looking at the evidence that the police had and you can come to your own conclusion.

Follow this true story and be shaken by the brutality and the struggle to find a killer.

E

Pickles

Pickles is a loveable dog that lives on the streets. Her story begins as a Christmas present to the Borrowdales' children. After a few months, having a puppy around isn't fun anymore. So, when her owners no longer want her, they take her into the middle of London, open the car door and throw her out. She has to find somewhere to sleep and somewhere to get food and water. A sad tale with a great happy ending and lots of adventures in between. A real family story with bad people you'll hate and good people you'll love.

(F)

The Door

A strange title that gets the hairs on the back of your neck standing up even before you've decided to go. The Door is a mysterious entrance to one family's future. Every time a member of the family goes through the door, they see a different version of the future. But whose future is the real one for the family? A good old-fashioned drama with lots of twists and turns in the plot. Don't tell your friends how it ends, though – you'll spoil the play for them.

(G)

This fantastic new musical from America follows the life of George Washington from his early days as the poor second son whose future takes a new direction after a family death. Playing an ever-increasing role in the struggle for independence, he fights against the French and then the British. Eventually he becomes the first President of America.

This is a modern musical with good solid rap songs to tell the tale and fantastic dance routines. A fast-moving performance with songs you'll remember for months afterwards.

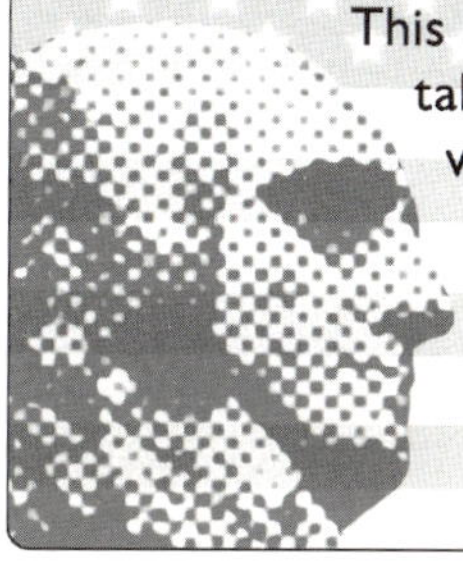

Washington

① Harry	② Brooke	③ Amy	④ Rory	⑤ Harper

2. Answer the following questions about the theatre performances. Write short answers.
   a) Who wrote *Robinson Crusoe*? ______
   b) Where exactly were the women murdered? ______
   c) What type of theatre performance is *The Door*? ______
   d) When did the dog join the family? ______
   e) Who is Bobby? ______
   f) Who do the witches talk to? ______
   g) Who was Washington's first enemy? ______

Reading Test 5: "We may be 'born free', but …"

In South Africa, young people born after 1994 – the year when Nelson Mandela was elected the first black president – are often referred to as "born frees". They are the first generation to grow up in a free and democratic society, the first who no longer experienced the system of racial segregation that had characterised South Africa for almost half a century.

During the so-called apartheid era, the population was divided into the following four racial groups: White, Bantu (black Africans), Coloured (of mixed ethnic origin) and Asian. While people with British or Dutch roots enjoyed lots of privileges, the non-white groups (especially black people) were systematically oppressed. For example, they were not allowed to vote and were forced to live in particular areas called "homelands". Public facilities were usually segregated into white and non-white zones so that white people didn't have to share the same space with members of the other groups.

For "born frees" like Mbali Legodi, a black teenager from Cape Town, this period seems far away. "Of course, my parents and grandparents have often told me about it, but I can't really imagine what it must have been like. I think for most of our generation it's normal to move around freely or be allowed to vote." Young South Africans nowadays take many of the hard-won privileges for granted, which has led some of the older generation to think of the "born frees" as spoiled or naive. Yet today's youngsters have to cope with problems of their own.

"Many of my friends are unemployed, there simply aren't enough jobs," Mbali says. According to recent statistics, about 50 per cent of South Africans between the ages of 15 and 24 are out of work. Black Africans seem to be particularly at risk of facing long-term joblessness. In addition, those who do find work also earn considerably less than the average white person. "I guess if you look at it from that perspective, not so much has changed. Even years after the end of apartheid, the old inequalities are still in place."

Has she ever considered leaving South Africa and moving to another country? "I knew you would ask that. But no, never. I mean, just look around you: I live in the most beautiful country in the world. There are so many creative people, people who want to change things. We may be 'born free', but there's still a lot for us to do in this society."

(410 words)

Read the article published in a youth magazine and then tick (✓) the correct sentence endings. There is only one correct solution for each statement.

1. The term "born frees" refers to …
   a) ☐ black people who were released from prison.
   b) ☐ the children of President Nelson Mandela.
   c) ☐ young South Africans born after the end of apartheid.

2. Through the apartheid system, non-whites …
   a) ☐ lost their political voice.
   b) ☐ had to live in poor areas.
   c) ☐ oppressed other minority groups.

3. A lot of young South Africans …
   a) ☐ have no respect for the older generation.
   b) ☐ have never even heard of apartheid.
   c) ☐ consider it normal to be living in a democratic society.

4. Approximately half of young South Africans …
   a) ☐ earn average wages today.
   b) ☐ now have a positive future.
   c) ☐ face difficult employment prospects.

5. Today, the inequalities of apartheid …
   a) ☐ have completely disappeared.
   b) ☐ can still be felt.
   c) ☐ have been made illegal.

6. Mbali Legodi wants to …
   a) ☐ stay in her country.
   b) ☐ start a new life abroad.
   c) ☐ study in Europe.

7. Many born frees want to …
   a) ☐ build a new South Africa.
   b) ☐ leave their country.
   c) ☐ create a new lifestyle.

Reading Test 6: Young Refugees Learn about U.S. on the Soccer Field

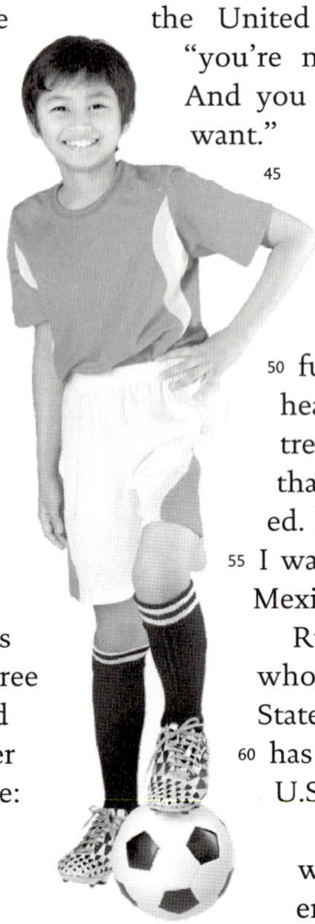

Young refugees in the United States are learning about each other and their new country on the soccer field. One player is 13-year-old Win La Bar. His family is from Myanmar, also known as Burma. Win was born in Thailand after his family fled their Burmese homeland. Now he is one of about 200 refugee children who play at the North Phoenix Christian Soccer Club, in the western state of Arizona. The players in the club's twelve teams are between six and eighteen years old.

Win and his nine family members share two apartments. Win has his own bedroom, but his sister sleeps in a room with her three young children. Win's parents and three other children live in another apartment. He loves his new home: "I've got a better chance to get a better education, and I get to play more soccer without worrying about gunshots."

The soccer club has helped him make friends and learn about his new home. His coaches have taught his family about life in the United States. Win says it was "very different, very hard to adapt into this world", because he had never seen cars or planes.

Alondra Ruiz works for the soccer club. She brings the players to games and drives them home. Sometimes she drives for hours a day, and hundreds of kilometers a week. During the rides the students ask her many questions about the United States. Ruiz tells them "you're not different. You're here. And you can become anything you want."

"Being part of this club, and keeping kids busy is very rewarding to me because it's good for them, and it's good for the future," she says. "What I hear often is that they're being treated different at school, that they're not being accepted. I relate to that 100 percent. I wasn't accepted coming from Mexico."

Ruiz was an immigrant child who grew up in the United States. Whereas her husband has permission to work in the U.S., she is not here legally.

Zara Doukoum knows what the other refugee students have dealt with, including when people did not understand what they were saying when they were just learning to speak English. "Every refugee in America went through that," she says. This year she will graduate from Central High School, the public school attended by most of her teammates. It will be four years since she arrived in Phoenix with her mother and three sisters. She wants to attend college, where she may play soccer or tennis.

(420 words)

Adapted from: Christopher Jones-Cruise, Anna Matteo, Voice of America Learning English, January 25, 2016.

Read the web article. Then tick (✓) the correct sentence endings.

1. Win's place of birth was …

a) ☐ the USA.

b) ☐ Myanmar.

c) ☐ Thailand.

d) ☐ Burma.

2. Win ...
   a) ☐ and his parents live together.
   b) ☐ lives together with three of his younger siblings.
   c) ☐ and his parents have separate flats.
   d) ☐ and his family have a lot of living space.

3. Win no longer has to worry about ...
   a) ☐ his education.
   b) ☐ being in danger.
   c) ☐ making friends.
   d) ☐ playing soccer.

4. At the soccer club, the refugee children ...
   a) ☐ get additional lessons in English.
   b) ☐ can learn more than just soccer rules.
   c) ☐ also learn how to choose the right college.
   d) ☐ can learn how to drive a car.

5. Alondra tries to ...
   a) ☐ help the refugees financially.
   b) ☐ motivate the refugees.
   c) ☐ arrange the refugees' matches for them.
   d) ☐ avoid the refugees' questions.

6. Alondra also understands when the refugee children talk about the problem of ...
   a) ☐ being an illegal.
   b) ☐ not speaking the language.
   c) ☐ their parents getting a work permit.
   d) ☐ integration.

7. Every refugee struggles ...
   a) ☐ because of the discrimination shown.
   b) ☐ but they can succeed.
   c) ☐ but is supported by teammates.
   d) ☐ because they are different.

Reading Test 7: Cruise ships can seriously damage your health

http://laylastravelblog.co.uk

Most popular post

Cruise ships can seriously damage your health

I love holidays but I hate cruise ships. I'll admit it. Last year, I decided to visit a city called Cádiz in the southwest of Spain. Cádiz has about 120,000 inhabitants and began life more than 3,000 years ago. It sounded an interesting place to visit but when I got there three huge cruise ships were in the harbour: three cruise ships with thousands of passengers on them who invaded the city centre like an attacking army – and ruined it. That's my experience.

The ships were also running their engines: black smoke was bellowing out of their funnels, polluting the air, covering the city with dirt particles and producing constant noise. Venice is also suffering an invasion of cruise ships in the same way that Cádiz is, and the city wants to ban them. Dubrovnik has major problems, too: last year – I checked – 800,000 cruise ship visitors descended on the medieval city, which only has a population of just over 42,000. It, too, is looking at ways to stop the invasion.

I saw an advert last week when I was online about a cruise in the Arctic where the ship stopped at isolated communities on the coast. It showed pictures of polar bears in their natural environment, local people hunting and fishing and their traditions. Some of these communities had fewer than 500 inhabitants. The ship, though, could carry more than 1,400 passengers. Imagine how the way of life there will change – hunting and fishing to selling coffee, cakes and postcards?

I wanted to discover more about this popular way of having a holiday nowadays and found many things that shocked me. The daily emissions from a cruise ship are the same as those from one million cars and on one ship the air pollution on its upper deck is as bad as any major city's. With an estimated 24 million passengers a year, the cruise ship industry is huge and continually increasing in spite of cruises being expensive.

It's not just the pollution from emissions that is the problem: cruise ships need vast quantities of water, their guests produce a huge amount of waste and they have a long-lasting and devastating impact on beautiful places around the world and the people who live there. And is the situation getting worse? The largest cruise ship has nearly 9,000 people on it – 6,800 guests, and the rest are crew. Would you like three or four of those ships to stop in your beautiful city?

Read the blog entry and then tick (✓) the correct sentence endings.

1. Cádiz has ...
   a) ☐ only recently become an important city.
   b) ☐ a long history attached to it.
   c) ☐ a very good name as a tourist destination.

2. The author of the blog does not like ...
   a) ☐ the army.
   b) ☐ the ships arriving.
   c) ☐ the mass of visitors from the ships.

3. Some Mediterranean cities are ...
   a) ☐ enjoying the economic benefits.
   b) ☐ finding that the air is becoming increasingly polluted.
   c) ☐ considering taking action to halt the trend.

4. The author found out about the Arctic cruise ...
   a) ☐ from a newspaper advert.
   b) ☐ from a website.
   c) ☐ from friends who had been on the trip.

5. Visitors to isolated communities will ...
   a) ☐ change them completely.
   b) ☐ make them wealthy.
   c) ☐ help them move into the modern world.

6. People booking holidays on cruise ships ...
   a) ☐ have decreased in number recently.
   b) ☐ are finding them more expensive than before.
   c) ☐ do not seem to worry about the cost of their trips.

7. The biggest cruise ship at the moment has ...
   a) ☐ a large number of employees.
   b) ☐ about 9,000 holidaymakers on it.
   c) ☐ received a lot of criticism.

Reading Test 8: Volunteering in Australia

Australia has long been one of the top gap-year destinations for young people from around the globe who have just finished school and want to travel for a year before starting a job or continuing their education. Many of them feel they want to do "something useful" during this time and decide to do voluntary work for a few weeks.

There are all sorts of projects in Australia in need of volunteers who are willing to get their hands dirty for a while. Most of those projects focus on the protection of wildlife, such as looking after endangered animals like the tree kangaroo, the flatback sea turtle or the southern hairy-nosed wombat. By collecting rubbish, planting trees or removing plants that do not naturally belong to the Australian landscapes volunteers can help to restore the typical living space of these species[1]. Constructing and maintaining walking trails or building fences in national parks are also very common activities. Sometimes volunteers also get the chance to assist in research programmes, setting up cameras to monitor endangered species, for example.

Some of these volunteers are international travellers, but Australia is also known as a nation of volunteers with 38 % of women and 34 % of Australian men volunteering regularly. Apart from spending an adventurous time and making new friends, many volunteers also cherish the feeling of learning something about the environment and contributing to its protection. Amber, from Arizona, says, "This program has taught me a great deal about conservation and what it takes to keep parts of a country safe for animals and plants. Life is too precious not to help the world and give something back." It is especially young people who set out on a gap year who feel that volunteering also makes a difference to themselves. "I've grown as a person and conquered so many fears," says Maggie from Canada.

(312 words)

1 species – type of plants or animals

Read the text about young people doing voluntary work in Australia. Decide if each statement is *true* or *false*. Tick (✓) the correct box "true" or "false" and give the lines in which you can find the relevant information.

	true	false	line(s)
1. Australia attracts the most people taking gap years in the world.	☐	☐	____
2. There are many one-year projects available.	☐	☐	____
3. Many projects are concerned with nature.	☐	☐	____
4. Some areas need to be made suitable for rare species.	☐	☐	____
5. Volunteers are used to create national parks.	☐	☐	____
6. Volunteers have to take photographs of animals as part of their job.	☐	☐	____
7. Not all volunteers are from abroad.	☐	☐	____
8. Meeting other young people and having fun is an extra benefit of the projects.	☐	☐	____
9. Gaining self-confidence is another result of volunteering during a gap year.	☐	☐	____

Reading Test 9: The Double Life of Cassiel Roadnight

I was in a hostel[1], a stop-off for impossible kids in east London somewhere. I'd been there a couple of days, walked in off the streets half-starved, because I had to. [...]

They gave me old clothes, washed thin and mended and almost the right size. They asked me lots of questions in return for two meals and a dry place to sleep. [...]

"I'm Gordon," [the man] said. "And the lady's name is Ginny."

"Well done," I said. "Good for you."

"And you are?" he said.

I looked at my shoes, somebody else's shoes, black and lumpy and scuffed. [...]

"I'm nobody," I said. [...]

The Ginny woman came with something in her hand, a piece of paper. "Can I have a word?" she said.

Gordon got up and they left me in the room on my own again. I could hear them on the other side of the door. They were whispering, but I could still hear.

She said, "I only saw it this morning. Pure coincidence."

"Bloody hell."

"He's been gone nearly two years."

"Well. I. Never."

"Do you think it's him?"

"Look at it. It's got to be."

The door handle moved. [...] When they came back in they were altered, careful, like I was a bomb that might go off, a sleeping tiger, a priceless vase about to fall. [...]

"Cassiel?" [Ginny] said.

I looked straight at her. I didn't know what was going on. "What?"

"Cassiel Roadnight?" she asked.

My name is not Cassiel Roadnight. It never has been. [...]

"Who, *me?*" I said. Gordon gave me the piece of paper. It was a printout, a picture of a boy with the word MISSING across his forehead. [...]

"Oh my God," I said, and took in a breath and I held it. [...]

My face exactly – my nose, my mouth, my chin. [...] I kept my eyes on the picture. There was something wrong with it.

Here are some things I know for sure about my face. I see them every time I look in the mirror.

One. I have two scars. [...]

Two. I have three piercings in my left ear and two in my right. [...]

Three. My teeth are bad. [...]

In the picture there were no scars on my face, no piercings. I had perfect teeth. I was happy and well fed and wholesome.

In other words, it wasn't me.

I tried to tell them. I looked up from the picture and I said, "No."

"Cassiel," Gordon said. He crossed his legs. His trousers and his mouth made a shushing noise.

I shook my head. "Not me." [...]

"What are the odds," Gordon said to Ginny, like I wasn't there, "of there being two *identical* missing boys?"

"*Billions* to one," Ginny said, like that settled it.

"I don't care what the odds are," I said. "It's not me." […]

They didn't believe me. They wanted it to be right, I could tell that. They were going to insist on it. It doesn't matter what you say to people like that. When they have made up their minds they stop listening.

I breathed in hard and I tried not to think. I looked at the boy in the picture. I thought how incredible it was to have a double like that, somewhere out there in the world, to look exactly like a total stranger. I looked at Cassiel Roadnight's happy, flawless, fearless face. And the thought occurred to me then, that I could be him, if I wanted. […]

There were people looking for Cassiel Roadnight, but they were people who cared. He had a family and friends. He had loved ones. He had a life I could step right into. And what did I have?

Nobody. Nothing […].

I always wanted to be someone else. Doesn't everyone?

"OK," I said to the thought, so quietly I almost didn't say it at all.

"What?" Gordon said.

They looked at each other and then back at me. It was like they'd been holding everything in. Suddenly there was this noise in the room of them breathing.

"OK," I said.

"Good," said Ginny, and Gordon said, "Your name is Cassiel Roadnight?"

"Yes," I told him. "My name is Cassiel Roadnight," and I watched the smile spread and stick to his face.

1 hostel – here: shelter for homeless people

Adapted from: Valentine, Jenny. 2010. The Double Life of Cassiel Roadnight. *London: HarperCollins, pp. 7–17.*

1. Read the extract of the novel and tick (✓) the correct sentence endings.

   a) The narrator comes to the hostel …
   - ☐ while he is on holiday in London.
   - ☐ because he desperately needs something to eat.
   - ☐ to buy some second-hand clothes.

   b) The narrator's real name is …
   - ☐ Gordon.
   - ☐ not mentioned.
   - ☐ Cassiel Roadnight.

   c) The man and woman suddenly treat the narrator differently because they …
   - ☐ think he might be dangerous.
   - ☐ think he might be a missing person.
   - ☐ want him to identify another boy.

d) The narrator is sure that the picture shows …
- ☐ him.
- ☐ a person he does not know.
- ☐ someone he knows.

e) Eventually, the narrator decides to …
- ☐ take on a new identity.
- ☐ return to his family.
- ☐ stay at the hostel for longer.

2. Fill in the chart with the information from the text.

what the narrator gets at the hostel (2 aspects)	• •
what the narrator looks like (2 aspects)	• •

3. Decide if each statement is *true* or *false*. Tick (✓) the correct box and give the lines in which you can find the relevant information.

	true	false	line(s)
a) The narrator does not say where exactly the hostel is located.	☐	☐	____
b) The story begins right after the narrator arrives at the shelter.	☐	☐	____
c) Cassiel Roadnight has been missing for almost two years.	☐	☐	____
d) The narrator does not immediately decide to take on the missing boy's identity.	☐	☐	____
e) The narrator is quite satisfied with his life as it is.	☐	☐	____

3 Mediating

Was versteht man unter „Mediating“? Eine „Mediating“-Aufgabe ist eine Sprachmittlung, d. h., du erhältst einen (oder mehrere kurze) Texte auf Englisch oder Deutsch. Deine Aufgabe ist es, den Textinhalt zu verstehen und wichtige Informationen in die jeweils andere Sprache zu übertragen: Du musst also Informationen eines englischen Textes auf Deutsch bzw. bestimmte Details eines deutschen Textes auf Englisch wiedergeben. Häufig sollst du Fragen zu den Texten beantworten oder anderen Personen in einem Gespräch über den Textinhalt berichten. Manchmal musst du auch zwischen zwei Personen, die sich nicht verständigen können, dolmetschen. Aber Achtung: „Mediating“ ist keine wörtliche Übersetzung!

3.1 Strategien zum Bereich „Mediating“

- Lies die Arbeitsanweisungen und die Texte aufmerksam durch. Halte dich bei der Bearbeitung der Aufgaben genau an die Vorgaben.
- Denke daran, dass es nicht deine Aufgabe ist, wortwörtlich zu übersetzen! Stattdessen sollst du die relevanten Informationen **sinngemäß** in eine andere Sprache übertragen. Gerate deshalb nicht in Panik, wenn du einmal die genaue Bedeutung eines englischen Wortes nicht kennst. Versuche einfach, aus dem Zusammenhang herauszufinden, was gemeint ist.
- Wenn du auf Englisch schreibst, formuliere keine zu komplizierten Sätze; so kannst du unnötige Fehler vermeiden. Denke aber daran, vollständige Sätze zu schreiben, es sei denn, die Arbeitsanweisungen verlangen etwas anderes.
- Liegt dir ein deutscher Text vor, der schwierige Wörter enthält, die du auf Englisch nicht weißt, umschreibe die Bedeutung oder formuliere deinen Satz so, dass du die unbekannte Vokabel gar nicht brauchst. Lasse jedoch keinesfalls eine Lücke.
- Denke daran, dass die Satzstellung im Englischen von der im Deutschen abweichen kann.
  Die englische Wortstellung in einem Aussagesatz ist *subject – verb – object.*
- Antworten auf Deutsch geben zu müssen klingt leicht, aber viele Schüler machen auch im Deutschen Fehler. Beantworte die Fragen in gutem Deutsch und lies anschließend das, was du geschrieben hast, noch einmal aufmerksam durch.
- Dolmetschst du in einem Gespräch, achte auf die richtige Perspektive. Wenn z. B. eine Person von sich selbst spricht, verwendet sie die 1. Person. Wenn du nun einem weiteren Gesprächsteilnehmer über diese Person berichtest, musst du die 3. Person verwenden. Es ändert sich also u. a. das Personalpronomen.

- Achte darauf, dass in einem Gespräch deine Äußerungen zu den vorhergehenden und nachfolgenden Gesprächsbeiträgen passen müssen. Lies also am Ende den gesamten Dialog noch einmal durch und überprüfe, ob deine Lösungen im Zusammenhang einen Sinn ergeben.
- Deine Äußerungen sollen **adressatengerecht** sein – überlege also genau, mit wem du sprichst bzw. für welche Person du einen Text zusammenfasst. Du wirst z. B. deiner kleinen Schwester oder deinem kleinen Bruder Dinge auf andere Art und Weise erklären müssen als beispielsweise deinen Großeltern.
- Wenn dir eine Übung große Schwierigkeiten bereitet, schaue dir in den Lösungen die Beispielantworten an. Wiederhole diese Übung zu einem späteren Zeitpunkt. So bist du auf die Prüfung gut vorbereitet und weißt, wie du mit dieser Art Übung umgehen musst.

Tipp

- Lies die Arbeitsanweisungen und den Text genau. Markiere ggf. wichtige Textabschnitte in Farbe.
- Beim „Mediating“ sollst du nicht wortwörtlich übersetzen, sondern bestimmte Informationen sinngemäß und adressatengerecht in die jeweils andere Sprache übertragen.
- Achte auf einen guten sprachlichen Ausdruck sowie Fehlerfreiheit.
- Lies dir deinen Text oder den vervollständigten Dialog am Ende noch einmal durch und kontrolliere, ob alle gefragten Informationen enthalten sind.

3.2 Häufige Aufgabenstellungen zum Bereich „Mediating“

Die Übungen in diesem Kapitel sollen dir helfen, mit den deutschen und englischen Texten und den jeweiligen Aufgabenformaten umzugehen. Die erste Aufgabe dient einer ersten Annäherung an die Sprachmittlung. Alle weiteren Aufgaben orientieren sich an Aufgabenstellungen, die in Klassenarbeiten und in der Abschlussprüfung vorkommen können.
Grundsätzlich unterscheidet man zwischen Sach- und Gebrauchstexten. Im Bereich „Mediating“ können dir beide Arten von Texten begegnen. In der Prüfung wirst du dich jedoch in der Regel mit **Gebrauchstexten**, also z. B. mit Schildern, Formularen, Werbetexten/Anzeigen, Informationsbroschüren oder Mitteilungen, auseinandersetzen müssen. Auch Alltagsgespräche, Interviews oder Chats können Teil der Prüfung sein.
Im Folgenden stellen wir dir die häufigsten Aufgabenformate vor.

Informationen aus einem Text in einer anderen Sprache zusammenfassen

Deine Aufgabe kann es sein, relevante Informationen aus einem Text in der jeweils anderen Sprache zusammenzufassen. Lies die Aufgabenstellung genau, denn sie kann wichtige Informationen enthalten, für wen du einen Text zusammenfassen musst. Es ist ein Unterschied, ob du einem kleinen Kind oder einem Erwachsenen etwas erklärst.

Beispiel

Text:

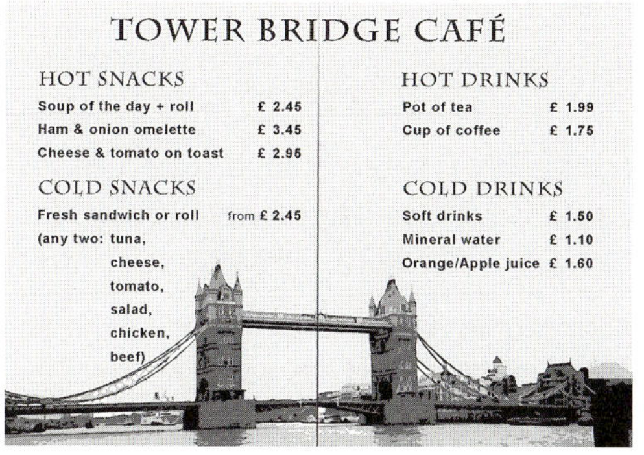

Task: Du gehst mit deiner kleinen Schwester in ein Café, während deine Eltern noch ein Museum in London besuchen. Erkläre deiner Schwester, was auf der Speisekarte steht und sage auch, was du gerne essen möchtest.

Answer: Es gibt heiße und kalte Imbisse, aber keine große Auswahl. Es gibt ...

Auf Grundlage eines Textes ein Gespräch vervollständigen

Oftmals sollst du konkrete Fragen zu einem Text beantworten. Achte dabei darauf, dass du auf alle gefragten Aspekte eingehst und dass deine Äußerungen in den Sinnzusammenhang des Gesprächs passen. Meist liegt dir ein deutschsprachiger Text vor, zu dem du ein Gespräch auf Englisch vervollständigen sollst. Es kommt aber auch vor, dass du zu einem englischen Text einen Dialog auf Deutsch ergänzen sollst.

Beispiel

Text:

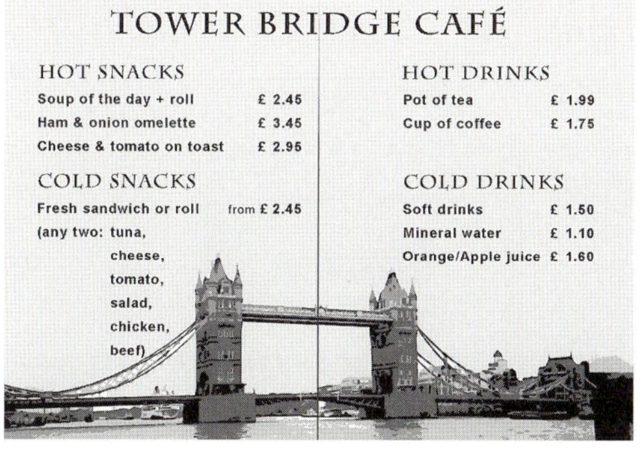

Task: Du gehst mit deiner kleinen Schwester in ein Café, während deine Eltern noch ein Museum in London besuchen. Beantworte die Fragen deiner Schwester mithilfe der Speisekarte.

Answer: **Schwester:** Ich habe großen Hunger. Was gibt es denn hier alles zu essen?

Du: Es gibt nur Kleinigkeiten, aber wir finden bestimmt etwas für dich. Sie haben kleine warme und kalte Gerichte.

Schwester: Mich friert es total. Ich hätte lieber etwas Warmes. Und du weißt ja, dass ich keinen Käse mag.

Du: Es gibt eine Tagessuppe ...

In einem Gespräch dolmetschen

Hier wird von dir verlangt, dass du zwischen zwei Personen, die sich nicht miteinander verständigen können, dolmetschst, d. h., du musst Informationen oder Fragen sowohl vom Englischen ins Deutsche als auch vom Deutschen ins Englische übertragen. Denke hier an die richtige Perspektive und passe z. B. die Pronomen an.

Beispiel

Task: Du bist in einem Café in London. Am Nebentisch sitzt ein deutsches Ehepaar, das Schwierigkeiten bei der Bestellung hat. Du bietest deine Hilfe an. Vervollständige das Gespräch.

Answer: **Du:** Entschuldigen Sie, kann ich Ihnen helfen?

Frau: Das ist sehr nett von dir. Ich habe unsere Kellnerin leider nicht verstanden. Könntest du bitte nachfragen, was sie gesagt hat?

Du (zur Kellnerin): *Could you say that again, please?*

Kellnerin: Of course. I just said that today's special is a really delicious pumpkin soup.

Du: *Es gibt heute Kürbissuppe. Die Kellnerin sagt, sie sei sehr lecker . . .*

3.3 Übungsaufgaben zum Bereich „Mediating"

1. Talking about signs
   a) Schaue die drei Schilder an. Erkläre deinem kleinen Bruder auf Deutsch, was sie bedeuten.

1

2

3

Schild 1

____

____

____

Schild 2

____

____

____

Schild 3

____

____

____

b) Look at the German signs. Explain what they mean to your English friend who does not understand German.

Sign 1

___

___

Sign 2

___

___

Sign 3

___

___

2. Du bist mit deiner Familie im Urlaub in Großbritannien. Gerade seid ihr am Flughafen in Stansted, da ihr heute schon wieder nach Hause fliegen müsst. Deine kleine Schwester sieht dieses Schild und möchte wissen, was dort erklärt wird. Fasse die Information für deine Schwester zusammen.

Important security message

- **Could anyone have interfered with your bags since you packed them?**
- **Have you been given anything to take onto the flight?**

If the answer to either question is ***yes***, please inform a member of the security staff.

___

___

___

___

3. Im Unterricht besprecht ihr, wie weltweit versucht wird, die Kriminalität in Städten zu bekämpfen. Du hast im Internet recherchiert und einen älteren Artikel auf einer englischen Website gefunden, der über einen interessanten Versuch der englischen Polizei berichtet, gegen Verbrechen vorzugehen. Fasse die wichtigsten Punkte für deine Klassenkamerad*innen zusammen.

NEWS · NEWS · NEWS · NEWS · NEWS · NEWS · NEWS · NEWS · NEWS

Can you believe your eyes?

Have you seen a police officer? Are you really sure it was a police officer?

In England the police are trying a new idea to save money and to have more police around towns and cities. The idea is simple: if people see a police officer, they don't do anything wrong. That means that the police officer doesn't have to do anything, he or she just has to be there.

Petrol stations at night, for example, often have problems. Sometimes people fill up their cars with petrol and then drive away without paying, but if there is a policeman or woman in the garage shop, they don't. This idea works in supermarkets, too. If people see a police officer, they do not steal things.

The English police, therefore, have photographed themselves and have made cardboard police officers to stand in petrol stations and supermarkets. They have been quite successful but some have already been stolen!

Except for looking for stolen policemen or women, the police now have more time to do other things.

4. Du bist Mitglied der Umwelt-AG deiner Schule. Während deines Urlaubs in England siehst du unten stehendes Poster. Du findest den ökologischen Ansatz, den die Besitzer der Farm verfolgen, sehr interessant, und bittest deine Eltern, mit dir zu dem Bauernhof zu fahren.

a) Du telefonierst gerade mit einem Freund aus der Umwelt-AG und beschreibst ihm, wie *Highfields Farm* bewirtschaftet wird. Gehe auf **einen** der drei Ansätze ein.

b) Du bist gerade mit deiner Familie auf dem Bauernhof. Deine kleine Schwester Louisa ist total begeistert und will einer jungen Katze hinterherlaufen, die in einer Blumenwiese verschwindet. Erkläre ihr, wie sie sich generell auf dem Hof zu verhalten hat.

> ## ☞ Farm awareness
>
> - Farms are work places; do not touch machinery or climb on it.
> - Please keep to our paths and do not walk on the crops or pick the wild flowers.
> - Always wash your hands after touching animals or plants.

___

___

___

___

5. Du bist mit deinem jüngeren Cousin für ein paar Tage nach London gefahren. Es ist Freitag und halb zwölf, und ihr habt Hunger. Ihr seid gerade in einer Straße, in der es viele Restaurants gibt. Da du besser Englisch sprichst als dein Cousin, erklärst du ihm, welche Möglichkeiten ihr habt.

Jakob: Ich bin echt hungrig. Was gibt es in dieser Straße alles zu essen?

You: ___

___

Jakob: Wir haben im Urlaub noch gar keine Fish & Chips gegessen. Was genau steht auf dem Schild?

You: ___

___

Jakob: Hm. Auf Pizza hätte ich allerdings auch Lust. Warum stehen denn auf dem Schild zwei unterschiedliche Preise?

You: ______________________________

____

Jakob: Das ist nicht so teuer, oder? Wann macht die Imbissbude auf?

You: ______________________________

Jakob: Ich habe aber so großen Hunger. Wenn die Imbissbude vielleicht erst in einer Stunde aufmacht, dann halte ich das nicht aus! Und mir tun auch echt die Füße weh vom vielen Herumlaufen. Können wir uns denn irgendwo reinsetzen?

You: ______________________________

____

Jakob: Super. Wann macht das indische Restaurant auf?

You: ______________________________

Jakob: Lass uns dorthin gehen. Auf ein Currygericht hätte ich auch echt Lust. Ist das Essen dort sehr teuer? Was meinst du?

You: ______________________________

____

6. Du möchtest mit deinem Freund Ben während der Sommerferien verreisen. In einer Zeitschrift hast du eine Anzeige für einen Abenteuerkurs in England gefunden. Du bist total begeistert und rufst Ben an. Beantworte seine Fragen.

You: Hi Ben, ich habe eine richtig coole Idee für unsere Sommerferien. Ich habe nämlich eine Anzeige für ein Abenteuercamp in England gesehen. Man kann dort unter anderem verschiedene Sportarten ausprobieren oder lernen, aber auch andere spannende Dinge unternehmen.

Ben: Was genau könnten wir dort alles machen?

You: ____________________

____

____

____

Ben: Wie lang dauert das Camp und wo findet es statt?

You: ____________________

____

Ben: Das klingt interessant. Wer kann denn daran teilnehmen?

You: ____________________

____

Ben: Das hört sich echt gut an. Ich spreche mal mit meinen Eltern. Steht in der Anzeige auch, was das Camp kostet und was bei dem Preis alles mit dabei ist?

You: ____________________

____

Ben: Das ist nicht billig, aber OK, oder? Falls meine Eltern noch mehr über das Camp erfahren möchten, wo können sie nachfragen oder nachsehen?

You: ____________________

____

7. Kim ist Schülerin der River High School. Im Sommer wird sie Besuch von ihrer Freundin Jana aus Deutschland bekommen. Kim möchte in dieser Zeit gerne an einem Wohltätigkeitslauf an ihrer Schule teilnehmen und versucht, Jana dazu zu überreden, auch mitzumachen. Die beiden telefonieren gerade und Kim beantwortet Janas Fragen auf Deutsch.

Kim: Hi Jana. Ich muss dir etwas erzählen. Ich habe gerade ein Plakat über einen Wohltätigkeitslauf gesehen. Hast du Lust, dass wir beide da mitmachen, wenn du mich besuchst?

Jana: Ein Wohltätigkeitslauf? Das muss ich mir noch überlegen … Wann und wo findet der Lauf denn statt?

Kim: ____________________

____

Jana: OK, an dem Tag wäre ich ja auf jeden Fall schon da. Wofür soll denn Geld gesammelt werden?

Kim: ____

____

Jana: Das Dorf hat keinen Brunnen? Wo kommt denn das Wasser bisher her?

Kim: ____

____

Jana: Oje, wenn ich mir vorstelle, ich müsste vor der ersten Stunde so weit gehen, da wäre ich zu nichts zu gebrauchen … Ähm, wie weit müssten wir denn bei dem „Charity Run“ laufen?

Kim: ____

____

Jana: Ein paar Runden würde ich schon schaffen … OK, ich mache auch mit. Muss ich mich irgendwo anmelden?

Kim: ____

____

Running Water

Charity run: 20th August · River High School

We want to raise **$ 10,000** to bring water to the **African village** where our **partner school** is.

Why? Every morning the children have to collect the **day's water** for the family – the well is **5 kms away**. As a result they miss lessons or are very tired at school. If there is water in the village, the children will get a better education because they will have more time to learn.

- **800 m course: people can sponsor each lap up to a maximum of 10 laps**
- **Prize for the most money raised**
- **Food and craft stalls and plenty of extra activities**

If you want to run, please register via email: **runningwater@RHS.org**
For details of how to sponsor someone, visit our website: **www.RHS.org**

8. Your English friends are visiting you. Explain what the sign means so that they can decide what they want to eat.

9. Today is Tuesday. Your parents' American friends want to drive into the town centre themselves to go shopping. They do not know how long they want to stay. Explain the parking fees to them.

P INFORMATION TARIFE

WOCHENTAGE

Mo – Fr	8.00 – 19.00 und	0,5 Std.	**0,50 €**
Sa	8.00 – 18.00 Uhr	1,0 Std.	**1,20 €**
		1,5 Std.	**1,90 €**

jede weitere angefangene **halbe Stunde 0,70 €**
Tageshöchstbetrag für **24 Stunden 11,00 €**

NACHT
Mo – Sa 19.00 – 8:00 Uhr
jede angefangene Stunde **0,50 €** maximal **2,50 €**

WOCHENENDE
Sa 18.00 – Mo 8.00 Uhr
jede angefangene Stunde **0,50 €** maximal **2,00 €**

FEIERTAG
jede angefangene Stunde **0,50 €** maximal **2,50 €**

Stadtamt

10. You see an advert for a great pop festival in your newspaper while your English friend Megan is staying with you. Answer your friend's questions in English.

You: There's a weekend rock festival at Schloss Battenburg. That's near here. Would you like to go?

Megan: That sounds good. Who's playing?

You: ____

Megan: Cool. How much are the tickets?

You: ____

Megan: That's not too bad. If we go for the weekend, where can we stay?

You: ____

Megan: How much is the campsite?

You: ____

Megan: Great. And when does the festival start and finish?

You: ____

____

Megan: Would we have to take our own food and drink?

You: ____

____

Megan: Ok, let's go for the weekend!

11. Your English friend, Beth, has just passed her driving test and she is going to drive to Germany for the first time. You have found a website giving foreign visitors some useful information about driving in Germany. You want to tell Beth the main points. Complete the dialogue by answering Beth's questions.

http://www.sicherautofahrenindeutschland.de

Allgemeines	In Deutschland gilt **Rechtsverkehr**. Autofahrer aus Ländern, in denen Linksverkehr herrscht und die auf deutschen Straßen mit dem eigenen Fahrzeug unterwegs sind, beachten bitte Folgendes: Da das Lenkrad in diesen Fahrzeugen auf der rechten Seite angebracht ist, befindet sich der Fahrer nicht in der Straßenmitte, sondern neben dem Gehsteig. Für eine Liste der Länder mit Rechtsverkehr klicken Sie bitte hier.
Geschwindigkeits-begrenzungen	Dass man auf deutschen **Autobahnen** so schnell fahren darf, wie man möchte, ist weltweit bekannt. Doch diese Aussage ist nicht allgemeingültig: Auf viel befahrenen oder gefährlichen Strecken, in Baustellenbereichen, Tunneln oder bei Staugefahr gelten bestimmte Geschwindigkeitsbegrenzungen. Man beachte hier also die Verkehrsschilder und Anzeigen an den Autobahnen. Geschwindigkeiten werden in „Kilometern pro Stunde" angegeben. Zur Umrechnungstabelle von Meilen pro Stunde in Kilometer pro Stunde gelangen Sie hier. Alle Autofahrer sollten generell umsichtig fahren – auch in Bereichen, in denen die Geschwindigkeit nicht eingeschränkt ist, muss das Fahrverhalten an die Verkehrssituation angepasst werden. Auf **Landstraßen** beträgt die Geschwindigkeitsbegrenzung i.d.R. 100 km/h, in **Städten** normalerweise 50 km/h. Die gelben Ortsschilder zeigen, wo ein Ort beginnt und wo er endet. In verkehrsberuhigten Gebieten darf man allerdings nur 30 km/h oder Schrittgeschwindigkeit fahren. Hier gilt rechts vor links. Weitere Informationen erhalten Sie hier.
Vorfahrts-regelungen	Die Vorfahrt wird in Deutschland meist durch Ampeln oder Verkehrsschilder geregelt. Ist dies nicht der Fall (z.B. in verkehrsberuhigten Bereichen), so gilt „rechts vor links". Vorsicht an Kreuzungen mit Ampeln! Wenn man als Autofahrer grün hat und abbiegen will, muss man dennoch anhalten, wenn Fußgänger oder Radfahrer die Straße überqueren möchten. Sie haben Vorrang.
Tanken	An einer Tankstelle muss man zwei Wörter kennen: „Benzin" bedeutet „petrol", „Diesel" bedeutet natürlich „diesel". Wir wünschen eine gute und sichere Fahrt auf unseren Straßen!

You: Hi Beth. I found a German website that has lots of information and some tips about driving in Germany. Are you interested?

Beth: Yes, of course, I know you drive on the right but is there an easy way to remember that?

You: ____

____

____

Beth: That's easy. What are the speed limits?

You: ____

____

____

____

____

Beth: How do I know where a town starts and ends?

You: ____

____

Beth: It's all very easy! Is there anything else I should know about?

You: ____

____

____

____

____

Beth: Those two things are good to know. My car uses petrol – what's that in German?

You: ____

____

Beth: Thanks a lot. See you next week.

You: Have a safe journey! See you then.

12. Your English friend, Jake, loves music and saw an article about a Samba festival in Germany, but he only understood the heading! Complete the dialogue.

Samba ... in Oberfranken!!

Kaum zu glauben, aber wahr! Die kleine Stadt Coburg in Oberfranken ist Veranstaltungsort des größten Sambafestivals außerhalb Brasiliens – und das schon seit 1992. Das Festival findet seitdem jedes Jahr am zweiten Wochenende im Juli statt* und zieht inzwischen mehr als 200,000 Besucher an, obwohl die Stadt selbst nur rund 45,000 Einwohner hat.

Im ersten Jahr war das Festival mit nur 20 teilnehmenden Gruppen recht klein, doch mittlerweile machen über 100 Sambagruppen aus aller Welt mit. Das Festival geht von Freitag bis Sonntag. Es gibt zahlreiche Open-Air-Bühnen, auf denen sowohl lokale als auch internationale Gruppen auftreten, und viele Workshops und Aktivitäten für Kinder. Natürlich gibt es auch Verkaufsstände, an denen z. B. bunte Kleidung oder Sambamusik erworben werden können. Auch Essens- und Getränkestände dürfen nicht fehlen. Höhepunkt der Veranstaltung ist der farbenfrohe und mitreißende Umzug durch die Stadt.

Das Festivalgelände ist weitläufig abgesperrt und darf nur mit Armband, das die Festivalbesucher an den Kassen erhalten, betreten werden.

Coburg ist an diesem Wochenende im Ausnahmezustand, doch nicht alle Bewohner*innen der Stadt sind darüber begeistert, denn es geht hoch her beim Samba-Festival. Lärmempfindliche Coburger*innen suchen für diese Zeit lieber das Weite!

* Während der Corona-Pandemie wurde das Festival in digitaler Form abgehalten.

Jake: When and where does this Samba festival take place?

You: ______________________________

____

Jake: How many groups are there and is it very popular?

You: ______________________________

____

Jake: Really? That's much bigger than I expected.

You: ______________________________

____

Jake: The biggest? Wow, that's impressive! What's on the programme?

You: ______________________________

____

____

____

Jake: It sounds great. Everyone in Coburg must be really happy to have such an amazing festival.

You: ____

____

Jake: I can understand them but it's only for one weekend.

13. You are sitting outside a café when you see the woman at the next table open her bag and take out her own sandwiches and a drink. An angry-looking waitress comes out of the café and starts to talk to the woman. There is a language problem, but you think you can help. Complete the dialogue.

Kellnerin: *Sie können Ihre belegten Brote nicht hier essen!*

Frau: I'm sorry, I don't understand. I don't speak German.

Kellnerin: *Typisch! Essen Sie Ihre Brote nicht hier!*

Du: *Ich glaube, dass sie nur Englisch spricht. Vielleicht kann ich Ihnen helfen.*

Kellnerin: *Sagen Sie ihr, dass sie ihre belegten Brote hier nicht essen kann.*

Du: ____

____

Frau: Oh dear. I thought these were just normal seats. I didn't realise they belonged to the café.

Du: Sie entschuldigt sich. ______________________________

____

____

Kellnerin: *Sie kann dort sitzen bleiben, wenn sie etwas bestellt. Wenn nicht, kann sie in den Park dort drüben gehen.*

Du: ____

____

Frau: I think I've annoyed her. Can you ask her for a cup of coffee and one of those nice strawberry cakes, please?

Du: Yes, of course. That's no problem. *(zur Kellnerin)* ____________

____

____

Kellnerin: *O.K. Sagen Sie ihr, das kostet 4,50 € – und kein Sandwich hier!*

Du: ____

____

Frau: She said something about sandwiches, too, didn't she?

Du: Yes, she did.

Frau: Thank you for helping me – she's not very friendly, though, is she?

14. Your exchange partner from England has just arrived. Your parents would like to talk to her, too, but her German and their English are not very good. You must act as the mediator and explain things in English to your exchange partner and in German to your parents. Complete the conversation.

Vater: *Hallo, Chloe. Hattest du eine gute Reise?*

Du:

Chloe: Yes, it was fine, thanks, but very long. I'm quite tired now.

Du:

Mutter: *Vielleicht will sie duschen. Ich habe schon Handtücher in ihr Zimmer gebracht. Kannst du ihr das sagen?*

Du:

Chloe: That would be nice, thank you. We travelled overnight and we couldn't shower this morning.

Du:

Vater: *Ich erinnere mich auch an solche Reisen. Sag Chloe, dass du ihr nach dem Duschen zeigen wirst, wo alles ist. Wenn sie fertig ist, können wir zu Mittag essen.*

Chloe: What did your father say?

Du:

Mutter: *Isst Chloe alles? Gibt es irgendetwas, das sie nicht mag?*

Du:

Chloe: The only thing I really hate is spinach.

Du:

Vater: *Ich esse auch keinen Spinat. Spinat ist wirklich fürchterlich.*

Du:

15. Du nimmst an einem Austauschprogramm teil, bei dem du und dein Partner jeweils drei Monate an der Schule des anderen verbringt. Dein amerikanischer Austauschpartner Sammy hat heute seinen ersten Schultag in Deutschland. Ihr seid im Büro des Schulleiters, der Sammy begrüßen möchte. Da Sammys Deutsch noch nicht so gut ist, dolmetschst du zwischen den beiden.

Schulleiter: *Guten Morgen, ich bin Herr Schwarz, der Schulleiter. Hattest du einen guten Flug?*

You:

Sammy: Yes, I did, thanks, but it was very long and I'm still a bit tired.

You:

Schulleiter: Bitte sag ihm, dass ich ihn herzlich an unserer Schule begrüßen möchte und dass ich ihm drei unvergessliche Monate bei uns wünsche. Falls es Probleme geben sollte, kann er sich jederzeit an mich wenden – am besten mit dir als Dolmetscher!

You:

Sammy: Oh, that's nice! I hope my German will get better so that I can talk to him without you soon.

You:

Nach dem Treffen mit dem Schulleiter gehst du mit Sammy zum Unterricht. Dein Klassenlehrer gibt euch ein Infoblatt zu den Hitzefrei-Regelungen für diese Woche. Lies den Flyer durch und teile Sammy mit, welche Voraussetzung erfüllt sein muss, damit es Hitzefrei gibt und wann die Unterrichtsstunden verkürzt werden.

Liebe Schülerinnen und Schüler,

die erste Hitzewelle des Jahres steht an, daher hier zur Erinnerung die Hitzefrei-Regelungen an unserer Schule:

- Nur wenn die Temperaturen in den Klassenräumen bereits um 10 Uhr morgens die 25 °C-Marke überschreiten, können Unterrichtsstunden ausfallen. Die Temperaturmessung erfolgt an verschiedenen Standorten im Schulgebäude durch den Hausmeister.
- Über den Ausfall von Stunden bestimmen die Schulleiter*innen aller Schulen der Region gemeinsam. Die Abfahrtszeiten der Schulbusse werden koordiniert und entsprechend vorverlegt.
- Liegen die Temperaturen mehrere Tage lang bereits am Vormittag über 25 °C, so werden alle Stunden des Schultages auf 35 Minuten verkürzt. Eine solche Regelung wird ggf. bis spätestens 12 Uhr des Vortages bekannt gegeben.
- Bei extremen Temperaturen und erhöhten Ozonwerten findet kein Sportunterricht im Freien statt. Die Neigungsgruppen Fußball und Leichtathletik müssen dann entfallen, der reguläre Sportunterricht wird in die Sporthalle verlegt.
- Während der Hitzewelle ist das Trinken von Wasser im Unterricht selbstverständlich erlaubt.

gez. Die Schulleitung

You:
- ______________________________
- ______________________________

Sammy: That's cool. At home we have to work in the heat! What about sport?

You: ______________________________

Sammy: Are we allowed to drink in lessons when it is so hot? And how do we get back to your house when the school closes early?

You:
- ______________________________
- ______________________________

16. You and your family are behind an American at an information desk at Munich airport . The American is having language problems since the employee's English is very poor. You decide to help.

You: Can I help? I can speak English and German.

American: Thank you. I'm looking for a typical Bavarian hotel but not in the city.

You: I'll ask. ______________________________

____

Employee: Das „Hotel Bavaria München“ ist sehr gut. Es ist ein wunderschönes Landhotel in der Nähe von München. Hier ist ein Hotelprospekt.
(Der Angestellte gibt dir den Prospekt auf der nächsten Seite).

You: ______________________________

____

American: That sounds great – and the photos look good, too. Can you ask him if he has the brochure for me in English?

You: ______________________________

____

Employee: Nein, leider nicht. Die englischsprachigen Prospekte sind aus.

The American explains that he's got a rental car but doesn't want to drive into Munich and asks whether it is possible to visit the city using public transport. He'd also like to try some local food but his wife doesn't and they don't want a noisy hotel. Give him the information about these three points from the brochure.

- ______________________________
- ______________________________
- ______________________________

Add two more pieces of information which you think are relevant.

- ______________________________
- ______________________________

Hotel Bavaria München ☆☆☆

Ankommen und rundum wohlfühlen

Verbringen Sie entspannte Urlaubstage in unserem idyllischen Landhotel, welches dank seiner naturnahen Lage am Stadtrand Münchens viel Ruhe und Erholung bietet.

Dennoch können Sie aufgrund der ausgezeichneten Verkehrsanbindung alle Sehenswürdigkeiten Münchens mit dem Bus oder der S-Bahn bequem und schnell erreichen. Ihr Auto können Sie währenddessen sicher in unserer hoteleigenen Garage lassen.

Kinder dürfen sich auf dem neu errichteten Spielplatz an der frischen Luft austoben und der bestens ausgestattete Fitnessraum kann von unseren erwachsenen Gästen rund um die Uhr genutzt werden.

Unser hauseigenes Restaurant serviert neben internationaler und bayerischer Küche auch vegetarische Gerichte sowie Diätkost. Teilen Sie uns am besten vorab telefonisch Ihre Wünsche mit.

Weitere Informationen und Buchung:

www.hotel-bavaria-munich.de

Tel.: 089/723489

Bezahlen können Sie selbstverständlich bar oder mit Kreditkarte.

17. Your older cousin from Australia, who loves excitement, is visiting you. She was looking at a holiday brochure for things to do near the Baltic coast, because you are going there together for a week. Some photographs of people on quad bikes caught her eye. She wants you to help her understand the German.

Liebst du **DIE GESCHWINDIGKEIT** und das **ABENTEUER** …

… und möchtest unsere **OSTSEE-INSEL RÜGEN** auf unkonventionelle Art und Weise kennenlernen? Dann bist du bei uns genau richtig!

Komm zu **QUADABENTEUER** und entdecke auf unserer spannenden Offroad-Tour viele wunderschöne und unberührte Orte der größten deutschen Insel – abseits vom Trubel. Mit unseren erfahrenen Guides befährst du eine abwechslungsreiche Strecke, die über Felder, entlang eines Flussbetts, durch Wasser und Schlamm, über steiniges Terrain und Sandstrände führt.

Wenn du Lust hast, dir den Fahrtwind um die Nase wehen zu lassen und Rügen mit dem Quad zu erkunden, schreibe einfach eine kurze E-Mail an:

info@QuadAbenteuer.com

Unsere Mitarbeiterin Marie beantwortet alle deine persönlichen Fragen, z. B. was die Sicherheit, Einweisung, passende Kleidung und Kosten betrifft, zeitnah.

Wir bieten rund ums Jahr Touren für 2 bis 10 Personen an – schlechtes Wetter und Schnee sind kein Hindernis!

Ava: I found some photos of quad biking with something in German about it. It looks great fun. Where do they do this?

You: ______________________________

____

Ava: It looks like they go off-road. Can you tell me more?

You: ______________________________

____

____

____

Ava: That sounds exciting, doesn't it? What happens if it rains?

You: ____

____

Ava: I wouldn't want to go when it's snowing, but we shouldn't have that problem in August! Is Rügen far away from where we're staying at the Baltic Sea? I'd really love to go quad biking.

You: No, it isn't. Actually, it's only about an hour's drive away, so we can definitely take you there.

Ava: Great! I still have some questions, though. How can I find out more about the quad bike tour?

You: ____

But would you like me to write the email for you? It's got to be in German, of course.

Ava: Thanks, that'd be great. I'd like to know if they provide everything – clothes and a helmet – or do I need to bring them or anything else? Could you please also ask what time the trips take place and if they take place every day? Oh, I nearly forgot – how much does everything cost and would it be a problem that I don't speak German?

You: No problem – I'll do it now.

Du schreibst für Ava eine E-Mail an Marie. Achte darauf, dass du auf alle Fragen von Ava eingehst.

TO: Info@QuadAbenteuer.com

SUBJECT: Fragen zur Quad-Tour

Hallo Marie,

meine Cousine Ava würde gerne im August eine Tour bei *QuadAbenteuer* buchen, aber sie hat vorab noch ein paar Fragen. Es wäre super, wenn Sie die folgenden Fragen beantworten könnten.

____

____

____

____

____

____

____

Herzlichen Dank für die Beantwortung der Fragen.
Viele Grüße und bis bald,
(dein Name)

4 Writing

Viele Schüler*innen sind der Meinung, dass sie sich auf den Bereich „Schreiben“ nicht vorbereiten können, da die Aufgabenformen sehr stark variieren und die Note ohnehin stark von der individuellen Einschätzung der Lehrer*innen abhänge. Erschwerend kommt im Fach Englisch noch die Fremdsprache und die damit verbundene Fehleranfälligkeit hinzu. Aus diesen Gründen beschäftigen sich manche Schüler*innen erst gar nicht mit dem Kompetenzbereich „Writing“, was umso schlimmer ist, wenn man bedenkt, dass dieser Bereich bereits ein Drittel bis ein Viertel der Note in den meisten Klassenarbeiten und in deiner Abschlussprüfung ausmacht.
Mache nicht den gleichen Fehler! Lies die folgenden Seiten gut durch. Du wirst sehen: Eine sinnvolle und erfolgreiche Vorbereitung auf das Schreiben englischer Texte ist möglich. Aus diesem Grund enthält dieser Übungsteil auch vorbereitende Aufgaben, die dir helfen, Texte abwechslungsreicher zu formulieren und beim Schreiben zusammenhängender Texte sicherer zu werden.

4.1 Strategien zum Bereich „Writing“

Langfristige Vorbereitung

Auf das Schreiben von Texten in Klassenarbeiten und in der Abschlussprüfung kannst du dich nur langfristig gut vorbereiten. Wenn du dir erst zwei Tage vor der Prüfung überlegst, dass du in diesem Bereich noch Schwächen hast, dann ist es für eine sinnvolle Beschäftigung mit diesem Thema definitiv zu spät.

Methode 1

Schaue bzw. höre dir englischsprachige Interviews mit deinen Lieblingsstars im Internet (z. B. bei YouTube) oder im Fernsehen an. Sieh dir Filme im Original an, entweder im Kino – falls sie in deiner Stadt im Original vorgeführt werden – oder auf DVD bzw. über einen Streaming-Dienst im Internet (z. B. Netflix). Als Hilfe kannst du dir – falls möglich – auch die englischen Untertitel einblenden lassen und die Dialoge mitlesen.

Methode 2

Versuche, möglichst viel in englischer Sprache zu lesen; auch hier wirst du im Internet fündig. Du kannst dich z. B. über Themen, die dich interessieren, im Online-Lexikon Wikipedia informieren. Hier gibt es übrigens auch den Bereich „Simple English“, falls dir die Texte zu schwierig sind. Oder probiere, Romane und Geschichten auf Englisch zu lesen. Deine Lehrerin oder dein Lehrer können dir sicher Tipps für geeignete Bücher geben. Du wirst sehen: Mit der Zeit verstehst du mehr und mehr, und viele Ausdrücke und Redewendungen kommen dir immer vertrauter vor, sodass du sie für deine eigenen Texte verwenden kannst.

Methode 3

Eine gute Übung ist es auch, sich viel in der Fremdsprache zu unterhalten. Sprich doch hin und wieder mit deinen Freunden oder deinen Geschwistern englisch. So wird dir das eigenständige Formulieren von Mal zu Mal leichter fallen.

Wichtig ist also, dass du dich mit der englischen Sprache auch in deiner Freizeit beschäftigst. Dabei geht es nicht nur darum, das Schreiben englischer Texte zu üben, sondern ganz generell sollst du möglichst viel mit dem Englischen in Kontakt kommen. So kannst du deinen Wortschatz erweitern und Sicherheit im Gebrauch der Fremdsprache erwerben, die du zum Verfassen eigener Texte brauchst.

Das Schreiben eines Textes

Es gibt viele verschiedene Arten von Texten, wie z. B. Briefe oder E-Mails, Artikel und Blogs. Ganz gleich, welche Art von Texten du schreiben musst, die Vorgehensweise ist dabei immer ähnlich.

Arbeitsschritt 1 – Aufgabe(n) lesen

Lies die Aufgabenstellung(en) gut durch und überlege genau, was darin von dir verlangt wird. In der Abschlussprüfung sind oft bestimmte Aspekte vorgegeben, die unbedingt in deinen Texten vorkommen müssen. In Klassenarbeiten können die Themen aber auch freier formuliert sein.

Arbeitsschritt 2 – Aufgaben(set) auswählen

Manchmal kannst du in Klassenarbeiten zwischen mehreren Aufgabenstellungen wählen. In deiner Abschlussprüfung musst du mehrere Schreibaufgaben unterschiedlicher Länge verfassen. Du kannst zwischen zwei Aufgabensets, die meist aus jeweils zwei oder drei Aufgaben bestehen, auswählen. **Suche dir die Aufgaben aus, mit denen du dich am besten auskennst.** Vermeide nach Möglichkeit Themen, zu denen du nichts zu sagen hast. Es macht keinen Sinn, einem Freund in einem Brief von den Abenteuern beim Skifahren zu erzählen, wenn du noch nie etwas mit Wintersport zu tun hattest.
Hast du dich für ein Set entschieden, beginne mit der Aufgabe, bei der du dich am sichersten fühlst. Die Aufgaben steigen im Schwierigkeitsgrad und in der Textlänge bzw. bauen sogar manchmal aufeinander auf, sodass es in der Regel sinnvoll ist, mit der ersten Aufgabe anzufangen.

Arbeitsschritt 3 – Notizen machen

Lies dir die (erste) Aufgabenstellung aufmerksam durch und überlege, was du dazu schreiben könntest. Beachte dabei genau die Vorgaben aus der Aufgabenstellung – die darin genannten Aspekte kannst du meist schon als grobe Gliederung für deinen Text verwenden. Überlege als Nächstes, was du noch hinzufügen musst – fallen dir z. B. schon Beispiele zu den einzelnen Aspekten oder nützliche Formulierungen ein? Dann solltest du sie gleich **auf einem Blatt notieren**. Gleiche deine Notizen anschließend noch einmal mit der Aufgabenstellung ab, um sicherzugehen, dass du wirklich alle geforderten Aspekte berücksichtigt hast.

Nun musst du den **Text formulieren**. Gehe dabei Schritt für Schritt die Aufgabenstellung durch und formuliere die einzelnen Sätze aus. Gute inhaltliche Ideen sind dabei genauso wichtig wie ein **klarer Aufbau** deines Textes. Versuche, Abhängigkeiten, Folgen etc. durch entsprechende Konjunktionen, also durch Bindewörter, wie z. B. „because" oder „although", deutlich zu machen. Schreibe kurze, überschaubare Sätze; so kannst du Grammatikfehler leichter vermeiden. Achte dennoch darauf, dass du nicht jeden Satz gleich aufbaust, sondern unterschiedliche Strukturen verwendest. Auch beim Wortschatz solltest du abwechseln, d. h. nicht immer die gleichen Wörter wiederholen. Greife auf Redewendungen zurück, die du gelernt hast. Wenn du etwas nicht ausdrücken kannst oder dir der Wortschatz fehlt, dann versuche, die Begriffe zu umschreiben oder notfalls einen anderen Aspekt zu finden, zu dem dir die Vokabeln leichter einfallen. In Kapitel 4.2 findest du eine Zusammenstellung vieler nützlicher Formulierungen, die dir beim Aufsatzschreiben helfen werden. Lerne sie auswendig. Du wirst sie immer wieder einsetzen können.
Achte auch darauf, in etwa die geforderte **Wortzahl** einzuhalten, da dir ansonsten Punkte abgezogen werden können.

Arbeitsschritt 4 – Text schreiben

Nimm dir auf jeden Fall die Zeit, **deinen Text** abschließend noch einmal in Ruhe **durchzulesen**. Ist alles logisch aufgebaut? Sind die einzelnen Sätze sinnvoll miteinander verknüpft oder gibt es irgendwo Gedankensprünge? Bist du auf alle in der Aufgabenstellung genannten Aspekte *(prompts)* eingegangen? Wichtig ist auch, dass du noch einmal gezielt nach Rechtschreib- und Grammatikfehlern suchst und diese entsprechend verbesserst.

Arbeitsschritt 5 – Text korrigieren

Vielleicht kommen dir die beschriebenen Arbeitsschritte eher zeitaufwendig und umständlich vor. Versuche aber dennoch, nach diesem Schema vorzugehen: Du wirst merken, dass dir das bei den Hausaufgaben, in Klassenarbeiten und natürlich erst recht in der Prüfung wertvolle Zeit spart. So wird es kaum passieren, dass du eine falsche Aufgabe oder ein Aufgabenset auswählst, das dir nicht liegt, und das erst merkst, wenn du schon mitten im Schreiben bist. Klar sollte dir allerdings auch sein, dass du dieses Verfahren üben musst.

Tipp

- Lies die Aufgabenstellung(en) genau und analysiere sie.
- Wähle die für dich geeignete(n) Aufgabe(n) aus.
- Notiere dir zu der Aufgabe, die du zuerst bearbeiten möchtest, einige Stichpunkte.
- Überprüfe, ob du alle Aspekte der Aufgabenstellung berücksichtigt hast.
- Formuliere den Text anhand der Aufgabenstellung und der vorgegebenen *prompts* Schritt für Schritt aus.
- Lies deinen Text abschließend noch einmal genau durch und überprüfe dabei, ob alles logisch aufgebaut und verständlich geschrieben ist. Verbessere Rechtschreib- und Grammatikfehler.
- Gehe bei allen weiteren Schreibaufgaben genauso vor.

14.2 Hilfreiche Wendungen

Die folgenden Wörter und Ausdrücke helfen dir beim Schreiben von Texten. Du solltest sie auswendig lernen. Die Wendungen sind übrigens auch als digitale „MindCards“ verfügbar, mit denen du am Smartphone oder Tablet üben kannst.

Formulierungshilfen für E-Mails und Briefe

Anrede und Schlussformeln in formellen E-Mails und Briefen (z. B. Geschäftsbrief/Anfrage)

wenn du den Namen des Ansprechpartners nicht kennst:

Sehr geehrte Damen und Herren,	*Dear Sir/Madam,* *Dear Sir or Madam,* *To whom it may concern:*
Mit freundlichen Grüßen	*Yours faithfully,*

wenn du den Namen des Ansprechpartners kennst:

Sehr geehrte Frau Roberts,	*Dear Mrs Roberts,*
Sehr geehrter Herr James,	*Dear Mr James,*
wenn du nicht weißt, ob die Frau verheiratet ist oder nicht	*Dear Ms Bell,*
Mit freundlichen Grüßen	*Yours sincerely,*

Layout eines Geschäftsbriefes

24 Castle Street Blackburn Lancashire LK6 5TQ	Absender (ohne Namen)[1]
6th March 20…	Datum[2]
Mrs J. Fox Dane Cleaners 3 Arthur Road Doddington NE3 6LD	Name + Adresse des Empfängers (bei Geschäftsbriefen)
Dear Mrs Fox,	Anrede
Thank you for your letter …	
Yours sincerely,	Schlussformel
Adam Smith	Unterschrift
Adam Smith	Name

1 Die Adresse des Absenders kann auch auf der linken Seite stehen.

2 Das Datum kann auch links stehen. Die Schreibweisen 6 March 20… / March 6, 20… / March 6th, 20… sind alternativ möglich.

Tipp

In formellen E-Mails und Briefen musst du die Langformen der Verben verwenden (z. B. „I am“ anstelle von „I'm“).

Anrede und Schlussformeln in persönlichen E-Mails und Briefen

Liebe Jane,	*Dear Jane,*
Viele Grüße / Liebe Grüße	*Best wishes,* *Love,* (nur bei sehr guten Freunden; von Frauen viel häufiger verwendet als von Männern)

Mögliche Einleitungs- und Schlusssätze

Danke für ...	*Thank you for ...*
Ich habe ... erhalten.	*I received ...*
Ich hoffe, dass ...	*I hope (that) ...*
Wie geht es dir?	*How are you?*
Im letzten Brief hast du mir von ... erzählt.	*In your last letter you told me about ...*
Im letzten Brief hast du mir erzählt, dass ...	*In your last letter you told me (that) ...*
Entschuldige, dass ich ... vergessen habe, aber ...	*Sorry that I forgot to ..., but ...*
Sage bitte ... / Richte ... bitte aus ...	*Please tell ...*
Es wäre schön, wenn wir uns treffen könnten.	*It would be nice if we could meet.*
Bitte richte ... (schöne) Grüße aus.	*Best wishes to .../* *Please give my (best) regards to .../* *Please say hi/hello to ... from me.*
Bitte schreibe mir bald zurück.	*Please write soon.*
Ich freue mich darauf, bald von dir zu hören.	*I'm looking forward to hearing from you soon./I hope to hear from you soon.*
Ich freue mich auf deinen Brief.	*I'm looking forward to your letter.*
Ich werde dich anrufen.	*I'll call/ring you.*

Weitere häufig vorkommende Redewendungen / Ausdrücke

sich entschuldigen	*I'm sorry ...*
etwas bedauern / Enttäuschung ausdrücken	*It's a pity that .../* *I'm disappointed that .../* *I was deeply disappointed by ...*
an etwas erinnern	*Please remember to ...*
Überraschung äußern	*I was surprised that ...*
eine Bitte äußern	*Could/Would you ..., please?*

einen Wunsch äußern	*I'd like to .../I'd love to ...*
einen Entschluss mitteilen	*I've decided to .../I'm going to .../ I've made up my mind to ...*
eine Absicht mitteilen	*I intend to .../I will .../I want to .../ I'm planning to ...*
Interesse ausdrücken	*I'm interested in ...*
Freude ausdrücken	*I'm happy/glad about ...*
Überzeugung ausdrücken	*I'm convinced that .../I'm sure that ...*
nach dem Preis fragen	*How much is it?/... does it cost?*
Ich hoffe, dir hat ... gefallen.	*I hope you liked/enjoyed ...*
Ich muss jetzt ...	*I have to ... now.*
Ich denke, es ist besser ...	*I think it's better to ...*

Auskunft geben über sich selbst

Ich wohne in ...	*I live in ...*
Ich wurde am ... in ... geboren.	*I was born in ... on (17th June 2005).*
Ich interessiere mich für ...	*I'm interested in ...*
Ich war schon in ...	*I've (already) been in .../to ...*
Ich möchte gerne ... werden.	*I'd like to be a/an ...*
Mir geht es gut.	*I'm fine.*
Mir geht es nicht gut.	*I'm not well./I don't feel well.*
Ich mag ...	*I like .../I enjoy ...*
Ich mag ... lieber (als ...)	*I prefer ... to .../I like ... better (than ...)*
Ich weiß ... noch nicht genau.	*I still don't know exactly ...*
Ich plane, ... zu tun.	*I plan to ...*
Ich freue mich (sehr) auf ...	*I'm (very much) looking forward to ... I'm (very) excited about ...*
Ich konnte nicht ...	*I wasn't able to .../I couldn't ...*
In meiner Freizeit ...	*In my free time/spare time ...*
Ich nehme regelmäßig an ... teil.	*I take part in ... regularly.*

Formulierungshilfen zur Strukturierung von Texten (z. B. für eine persönliche Stellungnahme oder einen Artikel)

einen Text einleiten	*To begin with, ... First of all, ...*
einen Text abschließen	*To sum up, .../In summary, .../ All in all, ... To conclude, .../In conclusion, ...*

Argumente aufzählen	*Firstly, ... Secondly, ... Thirdly, ... Finally, ...*
Argumente gegeneinander abwägen	*On the one hand ... On the other hand ...*
auf Widersprüche hinweisen / etwas einräumen	*but* *however* *yet* *although* *despite / in spite of* *in contrast to* *otherwise* *nevertheless*
zusätzliche Aspekte anführen	*In addition, ...* *Moreover, ...* *Furthermore, ...* *Not only that, but ...* *Another important point / aspect (to mention) is ...*
Beispiele geben	*for example / e.g.* *for instance* *like* *such as*
Gründe anführen	*Due to ...* *Thanks to ...* *The reason for this is that ...* *because (of)* *as* *since* *therefore*
auf die Folgen von etwas hinweisen	*As a result, ...* *Consequently, ...*
die eigene Meinung ausdrücken	*In my opinion / view, ...* *Personally, I think / believe that ...* *To my mind, ...* *As far as I am concerned, ...* *As for me, ...*
Zweifel / Sorge ausdrücken	*I am not quite sure whether ...* *I doubt that ...* *I am concerned / worried that ...*
Zustimmung ausdrücken	*I think so too.* *I agree with this statement.* *That is right / correct.* *I am of the same opinion.*

Ablehnung ausdrücken	*I do not think so.* *I do not agree./I disagree.* *That is wrong/not correct.* *I am not of the same opinion.*

Verben des Sagens (z. B. für Fantasiegeschichten)

sagen	*to say sth/to tell sb sth*
fragen	*to ask*
sich fragen	*to ask oneself/to wonder*
antworten/erwidern	*to answer/to reply/to respond*
flüstern	*to whisper*
murmeln	*to murmur/to mutter/to mumble*
schreien	*to call (out)/to yell/to scream/ to shout*
erwähnen	*to mention*

4.3 Häufige Aufgabenstellungen zum Bereich „Writing"

Die Texte, die du in deiner Abschlussprüfung verfassen sollst, sind unterschiedlich lang. Halte dich beim Schreiben in etwa an die vorgegebene Textlänge.
In der Regel wird in der Aufgabenstellung eine ganz bestimmte Art von Text von dir verlangt. Die **Textsorten**, die in der Abschlussprüfung vorkommen können, sind **vielfältig**: Du musst z. B. in der Lage sein, kurze Nachrichten, Notizen, Einladungen oder Einträge in sozialen Netzwerken zu verfassen, Reviews oder Inserate zu formulieren, Fragen zu stellen, Empfehlungen auszusprechen oder Vergleiche anzustellen. Wichtig ist, dass du deine **Meinung ausdrücken** und zu einem Thema **Stellung nehmen** kannst. Außerdem wird von dir verlangt, **unterschiedliche Perspektiven einzunehmen**. Das bedeutet, dass du immer überlegen musst, in welche Rolle du jeweils schlüpfen sollst, wenn du einen Text schreibst.
Auch die **Themenbereiche sind vielfältig**. Häufig geht es in den Texten um „Urlaub" oder weitläufig um „Schule", aber auch kreative Schreibaufgaben, bei denen du deiner Fantasie freien Lauf lassen kannst, kommen immer wieder vor. In der Regel sind **mehrere Aspekte vorgegeben**, die unbedingt in deiner Lösung enthalten sein müssen. Oftmals erhältst du zusätzliche Informationen, die du in deinen Text einbeziehen musst. Diese Informationen können dir in Form einer Grafik, eines Bildes oder auch eines Textes (z. B. eine E-Mail, eine Nachricht oder ein Zeitungsartikel) vorliegen. Gelegentlich wird dir auch der Anfang des Textes vorgegeben, den du fortsetzen sollst.
Im Folgenden werden die Textsorten, die am häufigsten in der Prüfung vorkommen, näher vorgestellt.

Formulare

Manchmal erhältst du ein Formular, das du ausfüllen musst. Es kann sich z. B. um eine Buchungsanfrage, ein Bewerbungsformular oder eine Registrierung für einen Onlineshop handeln. Bereits in der Arbeitsanweisung erfährst du, ob du ganze Sätze schreiben sollst oder ob Kurzantworten / Einzelwörter ausreichen. Lies also die Aufgabenstellung aufmerksam durch. Meist reichen bei dieser „Writing"-Aufgabe Stichpunkte aus.

E-Mail / Brief / Nachricht

Hier musst du entweder ein offizielles Schreiben verfassen oder eine persönliche E-Mail, einen persönlichen Brief bzw. eine Nachricht über eine „messaging app" auf deinem Smartphone schreiben. Sieh dir die Aufgabenstellung genau an und analysiere im ersten Schritt, an wen sich dein Text richtet: Sollst du eine förmliche Anfrage, z. B. an eine Firma, oder eine persönliche Nachricht an Freunde oder Verwandte formulieren? Oft musst du als „fiktive", also erfundene, Person einem fiktiven Adressaten schreiben. In welchem Stil dein Text geschrieben sein sollte, hängt von all diesen Faktoren ab.

- **Formelle(r) E-Mail / Brief:** Typische Beispiele für formelle E-Mails und Briefe sind Bewerbungen auf eine Stellenanzeige oder Kundenbeschwerden bzw. -anfragen. Bei dieser Art von Schreiben ist es wichtig, einen eher sachlichen Sprachstil zu verwenden. Vermeide Kurzformen wie „you're" oder „I'd" und verwende stattdessen die Langformen (also z. B. „you are" und „I would"). Achte auch auf eine passende Anfangs- und Schlussformel. Welche Wendungen sich hierfür eignen, erfährst du in Kapitel 4.2 – dort findest du auch weitere nützliche Formulierungshilfen.
- **Persönliche(r) E-Mail / Brief:** Bei einer persönlichen E-Mail oder einem persönlichen Brief an einen Freund / eine Freundin kann dein Tonfall ruhig etwas lockerer sein – auch Kurzformen oder eher umgangssprachliche Ausdrücke sind erlaubt. Oft ist in der Aufgabenstellung bereits eine E-Mail eines Freundes / einer Freundin vorgegeben, auf die du reagieren sollst. Lies dir den Text dann genau durch und versuche, auf die Aussagen oder Fragen darin einzugehen und deinen Text so zu formulieren, dass er zum Tonfall der vorgegebenen E-Mail passt.
- **Persönliche Nachricht:** Oftmals wird von dir verlangt, dass du eine knappe „message" formulierst. In deiner Abschlussprüfung wird in der Regel eine Situation in der Arbeitsanweisung vorgegeben, auf die du reagieren sollst. Manchmal enthält die Aufgabenstellung auch ein Bild, auf das du Bezug nehmen sollst. Auch hier solltest du an die Anrede zu Beginn denken und am Ende (d)einen Namen ergänzen.

Artikel

Häufig sollst du in der Abschlussprüfung einen Artikel schreiben. Es kann sich dabei z.B. um einen Beitrag für eine englischsprachige Schülerzeitung oder für eine Jugendzeitschrift handeln, in dem du eine bestimmte Fragestellung bzw. Problematik besprichst und ggf. dazu Stellung nimmst. Manchmal sollst du auch einen Artikel für einen Schreibwettbewerb verfassen. Achte auch hier wieder darauf, was genau von dir verlangt wird. Artikel für die Schülerzeitung sollten sachlich, aber trotzdem lebendig geschrieben sein; bei einem Beitrag für einen offiziellen Wettbewerb kann ein eher förmlicher Stil erforderlich sein, usw.

Geschichte

Auch das Verfassen einer Geschichte ist eine beliebte Aufgabenstellung. Hier gibt es viele verschiedene Möglichkeiten, wie die Aufgabe gestaltet sein kann. Vielleicht ist dir ein **Bild** vorgegeben und du sollst dazu eine Geschichte erfinden, vielleicht liegt dir aber auch der **Anfang einer Geschichte** vor und du sollst die „story“ (mithilfe von weiteren Vorgaben) zu Ende führen. Besonders bei dieser Textsorte ist es wichtig, den Spannungsbogen aufrecht zu erhalten und den Leser oder die Leserin „bei der Stange zu halten“. Dies funktioniert in der Regel nur, wenn du dir vor dem Schreiben die Zeit nimmst und eine ausführliche Ideensammlung machst. Wichtig ist auch, dass du dir klar machst, aus welcher Perspektive die Geschichte erzählt werden soll. Manchmal ist die Perspektive vorgegeben, aber gelegentlich kannst du auch frei entscheiden, ob du als Ich-Erzähler auftreten willst oder ob die „story“ in der 3. Person erzählt werden soll.

Tagebuch- oder Blogeintrag

Manchmal wird auch von dir verlangt, über bestimmte Erfahrungen oder Erlebnisse zu berichten, z. B. in Form eines Tagebuch- oder Blogeintrags. Diese Texte sind oft in einem eher informellen, lockeren Stil gehalten. Sie sind in der 1. Person Singular verfasst und greifen meist ein besonderes oder einschneidendes Erlebnis auf, d.h., es bietet sich häufig an, auch auf Gefühle einzugehen.

In Kapitel 4.4 hast du Gelegenheit, einige der typischen Aufgabenformate der Abschlussprüfung gezielt zu trainieren. Darüber hinaus enthält das Kapitel auch mehrere vorbereitende Übungen, mit denen du dich langsam an das Schreiben längerer Texte herantasten kannst.

4.4 Übungsaufgaben zum Bereich „Writing“

1. **Gap sentences**
   Choose the best word from the box to improve the sentences below.

dark – horror – loud – narrow – old – sandy – seafood – small – so – summer – terrible – quickly – young

a) The ________________ house was at the end of the ________________ street.

b) Jane likes listening to ________________ music in her ________________ bedroom.

c) The ________________ boy ran away ________________.

d) We had a ________________ meal in the ________________ restaurant.

e) I didn’t like the ________________ film because it was ________________ boring.

f) My ________________ holiday was great.

g) There was a long, ________________ beach with no one on it.

h) The sky was very ________________ before the storm.

2. **Picture description – Taking notes**
   Look at the photograph. What can you say about it? Take some notes.

____

____

____

____

3. **Picture description – Looking at details**
Look at the photo from Task 2 again. Answer the following questions in complete sentences.

a) Where does the scene take place?
It takes place in front of a building.

b) Describe who you can see …
- in the foreground: ______
- in the background: ______

c) Describe …
- the boy's face: ______
- what he is holding: ______
- where he is in relation to the others: ______

d) Describe …
- the other people's clothes: ______
- what they are doing: ______

4. **Picture description – Improving sentences**
Look at your answers to Task 3. Improve each answer by adding more information – an adjective, an adverb or an additional phrase.

a) Where does the scene take place?

Answer in Task 3 a: It takes place in front of a building. ➡ It takes place in front of a **big white/grey** building – **probably outside a school.**

b) Describe who you can see …
- in the foreground: ______
- in the background: ______

c) Describe …
- the boy's face: ______
- what he is holding: ______
- where he is in relation to the others: ______

d) Describe …

- the other people's clothes: ______________________
- what they are doing: ______________________

5. **Questions – The story behind the picture**
Think of five questions you could ask about the picture.

- ______________________
- ______________________
- ______________________
- ______________________
- ______________________

6. **A story about a picture – Bullying?**
Imagine what is going on between the boy in the foreground and the other teenagers. Think of answers to the questions you asked in Task 5 and write a short story in about 120 words.

7. A story – A special flight

What is the story behind the picture? Write a story in about 150 words. In your text, include three of the following aspects and tick (✓) them:

- [ ] Who took the photo?
- [ ] Where was the photographer travelling?
- [ ] When was the photo taken?
- [ ] Why was the photographer allowed into the cockpit?
- [ ] What did the pilot explain?

8. **A form – A school exchange programme**
Your school has got students from China coming to visit for 10 days. You would like a Chinese guest. Your teacher has asked you to fill in the form in English so that the Chinese teacher can match you with one of her students.
- Complete all parts of the form.
- Answer in words or numbers – you do not have to write in full sentences.

Name			
Class			
Age		Sex	
Nationality			
Your interests			
Describe yourself in three words:			
What do you really dislike?			

9. **A form – A holiday questionnaire**
Some pupils are doing a project about holidays and they have asked your class to complete a questionnaire.
- Complete all parts of the questionnaire. Write keywords only.
- You can use your imagination in your answers. But remember that your answers must sound real.

When was your last holiday?	______
Where did you go to?	______
How did you travel?	______
How many people went with you?	______
What two things did you enjoy the most?	______
	______
Describe your accommodation.	______
	______
Describe the weather during your holiday.	______
	______

Would you recommend where you went to other people?
Explain your answer using three or four words or phrases.

______

______

10. **Questions – Talking to a tour guide**

Imagine you and your family are on holiday in Canada. You meet your tour guide, Melissa Anderson from Ontario, who is an expert on everything about Canada. Ask her five questions about Canada's history, geography and/or tourist attractions.

Questions like "Are you married?" or "How long have you been working as a tour guide?" will not be accepted.

- ______________________________
- ______________________________
- ______________________________
- ______________________________
- ______________________________

11. **Questions – Talking to a famous musician**

Imagine you have won a competition organised by a local radio station. The prize is an exclusive meeting with your favourite musician, who is performing at an open air festival tonight. You want to be prepared for the meeting, because you only have 15 minutes to talk to him/her. Write down five suitable questions you can ask.

Questions like "What's your name?", "How old are you?" or "Why aren't you in a serious relationship?" will not be accepted.

- ______________________________
- ______________________________
- ______________________________
- ______________________________
- ______________________________

12. **A message – Party rules**

You are taking part in a school exchange programme with a school in Galway, Ireland. Your Irish "family" have agreed to host the farewell party for the German guests in their garden. The parents will not be there during the party, but they leave a note for their son, who is your exchange partner, and you. Write the note from the mother's perspective in about 50 words.
In your text, name three things the guests are not allowed to do.

13. **A note – A surprise**

Imagine you are visiting your Scottish aunt. Your aunt works at the local hospital and today her shift ends around noon. As she is always hungry when she gets home, you have prepared something for her to eat . However, you won't be home when she gets there, so you write her a note.

In your note, tell her
- where you have gone and with who,
- when you will be back,
- what you have prepared for her.

a) Keep your note as short as possible. Write about 50 words.

b) Now try to expand on your ideas. Write about 80 words. You can include additional details too.

14. A message – The lost guidebook

You are visiting a friend in the north of England. You have gone to London for the weekend, but your friend couldn't go with you. He lent you his London guidebook. Unfortunately, you cannot find it anymore.
Send your friend a message.

In your text,
- apologise,
- explain why you lost the guidebook,
- tell your friend what you would like to do to make up for it.

a) Keep your message short and write about 80 words.

____
____
____
____
____
____
____

b) Now write the same message in about 100 words. Try to make your text more interesting. You can add more details if you want to.

____
____
____
____
____
____
____
____
____
____

15. **Notes – For and against**

Read the following statements and imagine they are from your contacts on a social networking site. Do you like them or not? Collect ideas for possible answers and fill in this grid:

Statements	Arguments for 👍	Arguments against 👎
❶ Action films are only for boys.		
❷ In times of climate change flying should be at least twice as expensive as it is today.		
❸ People who eat meat are killers.		
❹ Living in a small village is the most boring thing I can imagine.		

16. A post – Give your opinion on a social networking site

Choose either statement ❶, ❷ or ❸ from Task 15 and give your opinion. Write an answer to the statement for a social networking site in about 80–100 words.

Topic	

____

____

____

____

____

____

____

____

17. **An e-mail – City or country?**

Your friend Katie has sent you the following e-mail:

> Hi there,
>
> You won't believe it: my father has found a new job at last! I'm so glad – I really couldn't bear to see his sad face much longer.
> But the bad news is that his new company is in Exeter, more than 80 miles away from Bristol. Now we're discussing whether we should move to Exeter or to a small village between Exeter and Bristol. I wouldn't have to change schools if we moved to this place in the country; I could take a bus to school. But I don't know, can you imagine living in a small village? What do you think the better choice is?
>
> Hugs,
> Katie

Answer Katie's e-mail. In your e-mail, include the following aspects:

- what the news means for Katie's family
- possible advantages and disadvantages of moving either to Exeter or to a small village
- the option you think is the best choice for Katie

Write about 120 words. A suitable beginning and ending to the e-mail has already been written for you.

Hi Katie,

It's so good to hear that ...

So in my opinion, ______ would be the best choice for you.

Take care,

(your first name)

18. In Task 17, a **suitable beginning** for the e-mail is already given. Think about the following situations and choose the correct address yourself.

a) In a letter to Carlos Fernandez, your pen friend in South America:

☐ Dear Mr Fernandez,
☐ Sir,
☐ Hi Carlos,

b) In an e-mail to Diana Watson, the manager of a hotel you stayed at (you only know her name and have never met her in person):

☐ Dear Ms Watson,
☐ Dear Mrs Watson,
☐ Dear Sir / Madam,

c) In a letter of application to the personnel manager of a company:

☐ Dear lady or gentleman,
☐ Dear Sir or Madam,
☐ Dear everyone,

d) In an e-mail to Linda Evans, your grandmother:

☐ Dear Granny,
☐ Hi Evans,
☐ Dear Mrs Evans,

19. Choose the **correct ending** for each situation.

a) In a letter to Carlos Fernandez, Mike's new pen friend in South America:

☐ Love, Mike
☐ Best wishes, Mike
☐ Yours sincerely, Mike

b) In an e-mail to Diana Watson, the manager of a hotel you stayed at (you only know her name and have never met her in person):

☐ Yours sincerely,
☐ Love,
☐ Best wishes,

c) In a letter of application to the personnel manager of a company:

☐ Regards,
☐ Yours faithfully,
☐ All the best,

d) In an e-mail to Linda Evans, your grandmother:

☐ Yours sincerely,
☐ Yours faithfully,
☐ Love,

20. Put the information below into a good **letter layout**. Think of the right punctuation and remember that some words have to be written with a capital letter.

yesterday, I saw your advertisement in the newspaper for ...

31 Appletree Lane, Norwich, NR67 2ST

yours faithfully

dear

(for) Computer City, 19 Park Road, Bath, BA2 7FD

John Stuart

sir / madam

(today's date)

21. **A formal message – City break**

You see an advertisement for a holiday in Britain online and you want some more information.

Treat yourself to a city break!

London – Birmingham – Liverpool – Edinburgh – Glasgow – Cardiff

From £ 50 per night

- 3-star or 4-star hotels
- breakfast included
- a place for everyone: single, double or family rooms
- optional: sightseeing tour package
- airport shuttle possible
- ticket service

Any questions? Just get in touch –
Write an email to info@citybreak.co.uk **or use our** **contact** form

Use the contact form below to write a formal message in about 120 words.

In your message ...
- mention which city you have chosen.
- say when you would like to go and what type of room you need.
- ask about the prices, hotel locations and facilities (e. g. gym, spa, Wi-Fi).
- arrange at least one activity during your stay.

Contact us

Name

Email

Subject

Your message

Send

22. A formal e-mail – Camping in the Rocky Mountains

You and your friend are planning to go camping in the Rocky Mountains in Colorado in the summer. Although you have found useful information on the internet, you still need some advice.

Write an e-mail to the local tourist information office and ask for help. Include the following three points:

- say who you are and what you want to do in the summer,
- ask for some advice on accommodation,
- ask whether there are guided (hiking) tours.

Write 120 to 150 words.

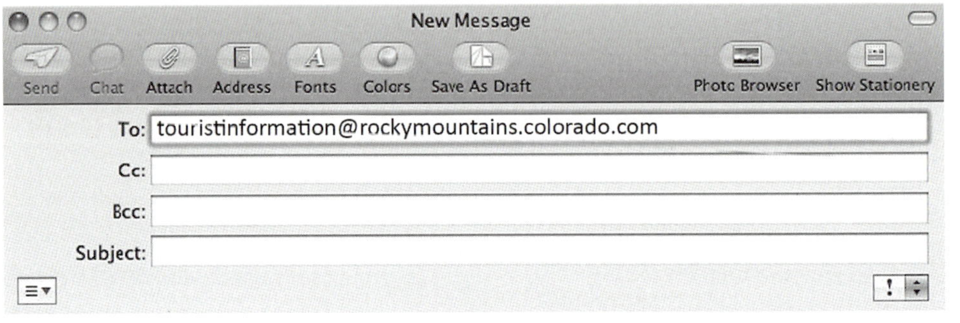

23. A formal e-mail/complaint – A holiday nightmare

You are back from a holiday in Britain. Unfortunately, your accommodation turned out to be a real nightmare.

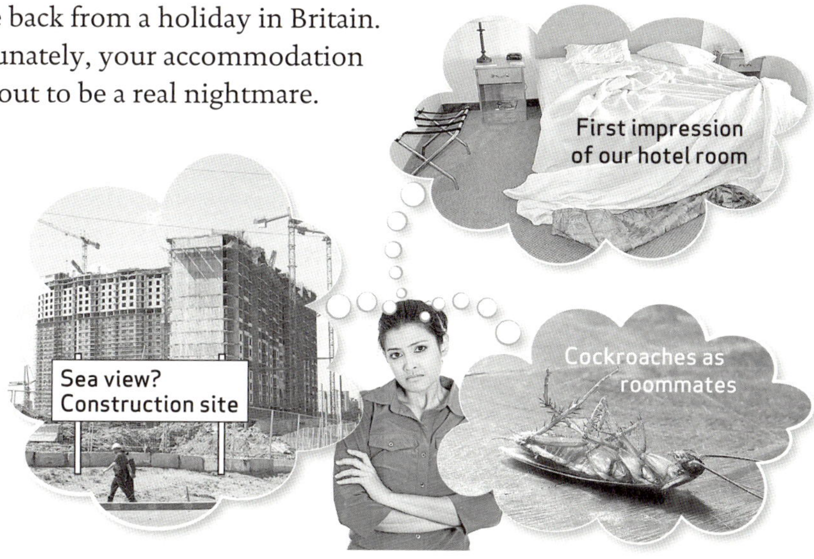

Write an e-mail and complain to the English travel agency. Write about 150 words.

Include the following aspects:

- the promises made on the agency's website
- what the hotel was like in reality
- what you expect the company to do next

Find a suitable beginning and ending.

24. Read the following job advertisement on a company's website.

HOLIDAY JOBS AT ICSD LIMITED –
FANTASTIC OPPORTUNITY FOR STUDENTS

Have you done some work experience and would now like to gain more practical knowledge as well as make some good money during your holidays?
Apply to ICSD.

What we are looking for:
upbeat[1] and organised 16 plus students to add to our successful customer service team for a period of at least four weeks

What you have to do:
record phone or postal orders from German- or English-speaking customers, and update the database

What you need:
- excellent phone manner
- knowledge of Word and Excel
- good standard of German and English, both written and oral

You will be given two days' training before you start work.

Please send in a letter of application and your CV to:
Julia Weston, Personnel Manager (ICSD Ltd.), Coopers Row, London, W1A 2JQ, United Kingdom.

1 upbeat – *fröhlich, optimistisch*

Before you write a **letter of application**, look at the following list of ideas. Choose ten ideas you could use in your letter.

- ☐ I found the advertisement on your company's website.
- ☐ My teacher told me to apply for a job to improve my language skills.
- ☐ I could start work in July and stay for six weeks.
- ☐ I have good computer skills and like working with people.
- ☐ I like sports and working with small children.
- ☐ I am a very creative and outgoing person and would like to work in education.
- ☐ I am good at organising things.
- ☐ I am fluent in English and German.
- ☐ I would like to gain some work experience abroad.
- ☐ I am very good at languages, but have never worked with Excel.
- ☐ How many days off would I have if I worked for the company for six weeks?
- ☐ Enclosed: CV and certificates
- ☐ Enclosed: school reports and sports diploma
- ☐ Please give me the job – I'll do my best.
- ☐ I did work experience with a German company last year.

- [ ] I would like to be a member of your team.
- [ ] Please call me as soon as possible.
- [ ] I'm sure the job will be fun.
- [ ] I look forward to hearing from you.
- [ ] I'll do the job, but only if you can arrange a place for me to stay.

25. **A letter of application – Applying for a holiday job**

Now write a formal letter of application in answer to the job advertisement (see Task 24). In your letter, ...

- introduce yourself and give reasons for applying,
- describe your personal qualifications,
- explain why you are suitable for the position.

Write about 150 words.

26. A personal e-mail – A language course in San Francisco

In the summer holidays, you are going to attend a language course in San Francisco. You are travelling together with an Italian friend you met on your last holiday.

Here's your friend's e-mail:

> Hi there,
>
> So cool – only a few more weeks and we'll be in San Francisco together!
> OK, we've got English lessons in the morning, but we'll have plenty of time to explore the city, too. Have you got any special plans? I've attached two nice pictures to give you some ideas ☺.
> Did you also get an e-mail from the language school today? They want to know whether we would like to stay with a host family or share an apartment with other students from the language course.
> What do you think? I think it would be fun if we could stay at the same place.
>
> Best wishes,
> Fabio

Write an answer to Fabio. In your e-mail, include the following aspects:

- at least one activity you would like to do in San Francisco
- advantages of sharing an apartment with other students and/or of staying in a host family
- which of the two options you would prefer and why

Find a suitable beginning and ending. Write about 120 words.

a) Make a table and collect ideas for your e-mail.

b) Write the e-mail to Fabio.

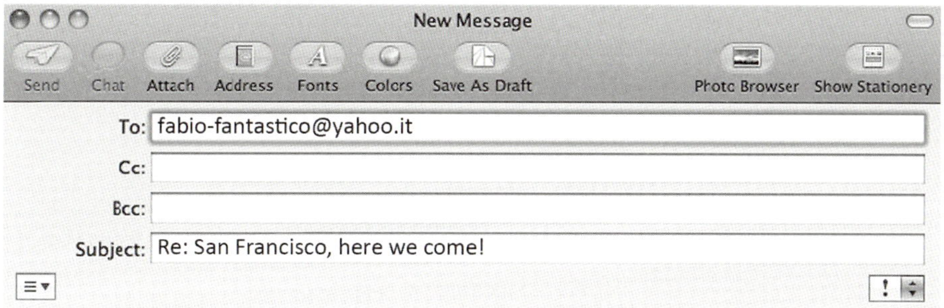

27. A blog entry – A holiday abroad

Imagine you are spending a fantastic holiday with other young people in an English-speaking country. While travelling you keep a **blog** about your experiences for your friends around the globe – in English.

In your blog entry, write about ...

- the kind of trip you are on,
- the location,
- special people you met,
- an extraordinary experience during your trip.

a) Make a mind map to collect some ideas for your blog. Some questions have been included to help you.

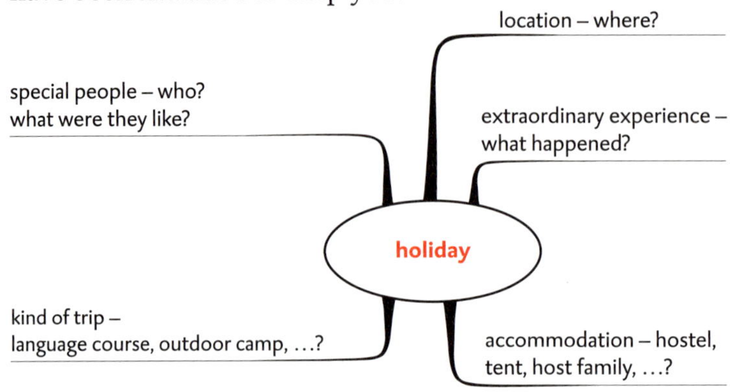

b) Choose your best ideas and write the blog entry.
Write at least 120 words.

28. A chat message – A visit from England

A friend of yours from England has sent you the following message:

Hi there,

You know what? My parents have said that if I pass my GCSEs, we are going to travel to Lower Saxony in the holidays and maybe we could visit you or meet at some place near you. Isn't that great? They told me to ask you if you've got any tips about what we could visit. Are there any places or sights that you could recommend?

See you soon,
Holly

Answer your friend's message. Include the following aspects:

- if/where you could meet
- one sight or place in Lower Saxony that you would recommend and why
- how to get there

Find a suitable beginning and ending. Write about 150 words.

29. **A diary entry – A special day**

Your parents have given you a special present for your birthday – an activity/event that you will always remember.

Write a diary entry in about 120 words. In your text, ...

- describe your special day,
- say who was with you during the activity/event and
- describe how you felt during the activity/event.

30. A diary entry – An awful holiday

Imagine you have spent an awful holiday with your parents in an English-speaking country. After returning home, you write a diary entry of about 150 words.

Write the text and include at least four of the following aspects:

- Where did you spend your holiday?
- What did you do?
- What was so awful about the holiday? / What went wrong?

31. A diary entry – A frightening event

Continue the diary entry in about 150 words and …

- describe the frightening event,
- say where it happened and
- explain what you did.

Find a good ending to your text.

Sunday, 24 June

I'm still shaking while I'm writing these lines.

32. **A film review – Your favourite film**

You want to take part in an English writing competition. Its title is "Your favourite film". You are allowed to write 120–150 words.

In your text, include what the film is about and all of the following aspects:

- Which actor(s) play(s) the main role(s)?
- Where did you see the film?
- Why do you like the film?

33. **An article – Popular leisure activities among teenagers**

An online youth magazine is trying to find out what young people would like to do in their free time that they have not tried yet.

Write an article of about 120 words. In your text, ...

- describe the type of leisure activity you would like to try,
- explain why you would like to try it,
- say when and where you would like to try it.

34. An article – No social networks for a week

For a school project you and your classmates have decided to live without social networks for one week. Write an article for your English school magazine about your experiences during this week.

Include the following aspects:

- the initial idea for the project
- advantages and disadvantages of social networks
- what you learnt from the experience

Write about 150 words.

35. **An article – School will be over soon: now what?**

You are a reporter for your English school magazine. As you are planning to go abroad for one year after finishing school, you write an article about taking a gap year.
Write at least 150 words.

In your text, include three of the following aspects and tick (✓) them:

- ☐ the reasons why you want to take a gap year,
- ☐ possible disadvantage(s) of taking a gap year,
- ☐ where you are planning to go,
- ☐ what you are planning to do,
- ☐ if you are planning to travel on your own or who you are planning to travel with and why.

36. A story – A crazy day

Think about who is telling the story. Then continue the story in about 120 to 150 words.

Write about the following aspects:

- What was crazy about the day?
- What was the message on the phone and what happened afterwards?
- How did the day end?

That day was just crazy. It all started with a message on my / his / her phone …

37. A story – My first day on planet Earth

Think about who is telling the story. Finish the story in about 150 words and write about …

- what X23 experiences / experienced on Earth,
- what he / she / it finds / found strange,
- a surprising or funny ending.

Hi, I'm X23 and it's my first day on planet Earth. …

5 Speaking

Immer wieder wird im Unterricht deine mündliche Kommunikationsfähigkeit überprüft. Auch im Rahmen der Realschulabschlussprüfung gibt es einen mündlichen Prüfungsteil. Das sogenannte „oral exam" findet ein paar Wochen vor der schriftlichen Prüfung statt; die mündliche Note fließt mit einem Drittel in das Gesamtergebnis der Abschlussprüfung ein.

5.1 Strategien zum Bereich „Speaking"

Langfristige Vorbereitung

Sich in einer Fremdsprache mündlich auszudrücken, ist nicht einfach. Man kann sich auch nicht kurzfristig – quasi über Nacht – auf diesen Prüfungsbereich vorbereiten. Will man in einer mündlichen Prüfung gut abschneiden, dann muss man **langfristig** und **nachhaltig** an der Sprechfertigkeit arbeiten.
Übungsmöglichkeiten bietet dir dein Englischunterricht. Nimm aktiv am Unterrichtsgeschehen teil, d. h., melde dich so oft wie möglich und sprich auf Englisch. So gewinnst du mit der Zeit Routine und wirst nach und nach gelassener. Wenn du dabei künftig auch noch die folgenden grundsätzlichen Tipps und Hinweise berücksichtigst, klappt das mit der Zeit sicherlich recht gut.

TIPP

- Nutze die Übungsphasen im Unterricht.
- Sprich deutlich und nicht zu schnell.
- Frage nach, wenn du etwas nicht verstanden hast.
- Vermeide einfache, kurze Antworten wie „yes" oder „no". Mit solchen Antworten kannst du keine Gespräche in Gang halten und auch deine mündliche Ausdrucksfähigkeit nicht unter Beweis stellen. Wenn es passend ist, begründe deine Meinung oder füge ein Beispiel an.
- Wenn du unsicher oder nervös bist, bilde lieber kürzere Sätze.
- Lerne die hilfreichen Wendungen (siehe 5.3) auswendig und wende sie immer wieder an. Auf diese Weise werden sie Teil deines aktiven Wortschatzes und es wird dir leichtfallen, sie auch in der mündlichen Prüfung zu benutzen.
- Bemühe dich, Sachverhalte auf unterschiedliche Weise auszudrücken, um zu zeigen, dass du einen vielfältigen Wortschatz hast. Beschränke dich also z. B. nicht auf „I think", um deine Meinung auszudrücken.
- Versuche, dich auch in deiner Freizeit mit der englischen Sprache zu beschäftigen. Du kannst z. B. englische Zeitschriften oder Bücher lesen, Fernsehsendungen oder Filme auf Englisch ansehen, ein Tagebuch auf Englisch führen oder die Grundeinstellung deines Handys auf die Fremdsprache ändern. Auf diese Weise wirst du immer vertrauter und sicherer im Gebrauch des Englischen.

5.2 Das „oral exam"

Ablauf der Prüfung

- Es werden immer zwei oder drei Schüler*innen gleichzeitig geprüft. Wer mit wem zusammen geprüft wird, wird einige Tage vor der Prüfung per Los entschieden. Du brauchst aber keine Angst zu haben, denn auch wenn dein Partner oder deine Partnerin vielleicht nicht so gut in Englisch ist, kannst du trotzdem die volle Punktzahl bekommen, denn deine Leistung wird unabhängig von der der anderen Prüflinge bewertet.
- Es sind immer zwei Lehrkräfte dabei. In der Regel sind das dein Englischlehrer bzw. deine Englischlehrerin und noch eine zweite Fachlehrkraft, die das Protokoll schreibt. Dein Lehrer oder deine Lehrerin führt das Prüfungsgespräch.
- Das „oral exam" dauert etwa 12–15 Minuten.

Prüfungsteile

Das „oral exam" besteht aus drei Teilen mit jeweils verschiedenen Aufgabenstellungen. Beachte, dass zwar die Bestandteile der Prüfung vom Ministerium festgelegt sind, dass jedoch die genaue Ausarbeitung der Prüfung an deiner Schule stattfindet. Höre also genau zu, wenn du im Unterricht wichtige Informationen zur Prüfung erhältst.

Part I

- **Warm-up / Speaking about yourself**
  Die Prüfung beginnt mit einer kurzen Begrüßung und Vorstellung der zweiten Lehrkraft. Häufig folgt dann die Frage, wie es dir geht. Danach werden dir Fragen gestellt, bei denen du etwas über dich selbst bzw. deine Lebensumstände erzählen kannst. Es kann sein, dass du z. B. auch deinen Namen oder deine Straße buchstabieren musst. Wiederhole also unbedingt noch einmal das Buchstabieren.
  Die Fragen können im Allgemeinen vier Bereichen zugeordnet werden:
  - *my family*
  - *my city/village*
  - *my hobbies/my free-time/activities*
  - *my school/my class/my course/my career*

TIPP

> Diesen Teil kannst du schon langfristig vor der Prüfung vorbereiten und intensiv üben, indem du dir Aussagen zu deiner Familie, deinem Wohnort, deinen Hobbys etc. überlegst. Bereite z. B. „mind maps" vor, in denen du verschiedene Aspekte notierst. Du kannst sie im Laufe der Zeit immer wieder ergänzen. Übe regelmäßig und am besten mit jemandem, der dir Rückmeldung geben und dich verbessern kann. Dadurch, dass du dir nur Stichpunkte notierst, bleibst du sprachlich flexibler und kannst in der mündlichen Prüfung besser auf die Fragen, die dir gestellt werden, reagieren.

▶ Responding to visual prompts / Bildbeschreibung

Part II

Hier musst du ein Bild bzw. Foto beschreiben und näher analysieren. Abschließend ist es deine Aufgabe, die dargestellte Situation auf dich selbst zu beziehen und z. B. über deine Vorlieben für und Abneigungen gegen die abgebildete Gegebenheit oder Aktivität (wie z. B. eine bestimmte Sportart) zu sprechen. Du kannst alles sagen, was dir zu deinem Bild einfällt. Wichtig ist, dass du englisch sprichst. Kleinere Grammatikfehler sind nicht so gravierend. Du kannst trotz einiger Grammatikfehler immer noch die volle Punktzahl erhalten. Entscheidend ist, dass der Inhalt deiner Äußerungen verständlich ist. Du sollst in etwa zwei Minuten über das Bild sprechen. Danach können sich Fragen anschließen, die du beantworten sollst.

TIPP

Sieh dir das Foto genau an und beschreibe es im Detail. Nutze die dir zur Verfügung stehende Zeit und sage alles, was dir zu dem Bild einfällt. Du brauchst keine Panik zu bekommen, wenn dir ein wichtiges Wort fehlt. Konzentriere dich dann einfach bei deiner Beschreibung auf andere Aspekte.

Folgende Fragen können dir dabei helfen, deine Antwort zu strukturieren:

- *What is happening?*
  Denk daran, das *present progressive* zu verwenden, wenn du beschreibst, was auf dem Bild gerade passiert.
- *How many people are in the picture? How old are they? Where are they? What do they look like? What are they wearing? What is their relationship to each other?*
- *When or where was the photo taken? Why are these people in this place?*
- *What is the main theme or message?*
- *What else can you say about it?*
- *What do you think about the picture? Why do / don't you like it? …*

▶ Paired discussion

Part III

Hier wird dir und dem anderen Prüfling eine bestimmte Situation anhand von Stichpunkten und / oder Bildmaterial vorgestellt, in die ihr euch hineinversetzen müsst. Ihr sollt euch nun miteinander unterhalten und gemäß euren Rollenvorgaben Informationen austauschen und eure Meinungen und Gefühle ausdrücken. Am Ende sollt ihr dann zu einer Entscheidung gelangen. Wichtig ist, dass ihr gegenseitig auf eure Äußerungen eingeht, sodass ein echter Dialog entsteht. Rückfragen eignen sich hierfür auch sehr gut. Insgesamt soll ein richtiges Gespräch entstehen, d. h., ihr könnt nicht einfach etwas sagen, das nicht zum vorangegangenen Redebeitrag passt.

TIPP

- Übe immer wieder mit verschiedenen Mitschüler*innen.
- Sieh dir das ausgehändigte Material in Ruhe an und nimm dir die Zeit, die Vorgaben genau durchzulesen.
- Höre im Gespräch aufmerksam zu. Wenn du eine Aussage oder Frage nicht verstanden hast, traue dich, nachzufragen. Nur so kannst du angemessen auf Redebeiträge anderer reagieren.

5.3 Hilfreiche Wendungen

Die folgenden Wörter und Ausdrücke helfen dir in Gesprächen. Du solltest sie auswendig lernen. Die Wendungen sind übrigens auch als digitale „MindCards“ verfügbar, mit denen du am Smartphone oder Tablet üben kannst.

Bildbeschreibung *(Describing pictures)*

In the picture I / we can see …	*In dem Bild kann ich/können wir … sehen.*
The photo shows …	*Das Foto zeigt …*
It was taken in …	*Es wurde in … aufgenommen.*
In the background / foreground there is / there are …	*Im Hintergrund/Vordergrund ist/sind …*
In the centre / middle of the picture …	*Im Bildmittelpunkt …*
On the left / right of the photo …	*Links/Rechts im Foto …*
The person in the top left-hand / bottom right-hand corner …	*Die Person in der linken oberen/rechten unteren Ecke …*
At the top / bottom you can see …	*Oben/Unten kann man … sehen.*
Next to / Near …	*Neben/In der Nähe …*
Behind / In front of …	*Hinter/Vor …*
On top of / Under …	*Auf/Unter …*
Between … and …	*Zwischen … und …*

Mit folgenden Ausdrücken kannst du Vermutungen anstellen und deine Meinung über das Bild ausdrücken:

It seems as if …	*Es scheint als ob …*
The boy seems to …	*Der Junge scheint zu …*
Maybe …	*Vielleicht …*
The atmosphere is happy/sad/…	*Die Stimmung ist glücklich/traurig …*
I (don't) like the photo, because …	*Ich mag das Foto (nicht), weil …*
The photo makes me think of/reminds me of …	*Das Foto erinnert mich an …*

Eine eigene Meinung ausdrücken *(Expressing an opinion)*

I (don't) think / believe / expect / imagine / suppose (that) …	*Ich glaube (nicht), (dass) …*
In my opinion / view …	*Meiner Meinung nach …*
That's not my opinion.	*Das ist nicht meine Meinung.*
I'm (not) sure / certain …	*Ich bin (nicht) sicher …*
I (don't) doubt (that) …	*Ich bezweifle (nicht), (dass) …*

I would / wouldn't …	*Ich würde (nicht) …*
I would like / I'd like …	*Ich würde/möchte gern …*
I don't like / I dislike …	*Ich mag … nicht.*
I would / wouldn't prefer …	*Ich würde lieber / würde lieber nicht …*
I'm for …	*Ich bin für … / dafür, dass …*
I'm against …	*Ich bin gegen … / dagegen, dass …*

Andere nach ihrer Meinung fragen (*Asking other people for an opinion*)

What do you think about … ?	*Was denkst du über … ?*
What's your opinion on / view on / reaction to … ?	*Was ist deine Meinung zu … ? / Was denkst du über … ?*
How do you see / view the situation / this?	*Wie siehst du die Situation / das?*
What would you say about … ?	*Was würdest du über/zum Thema … sagen?*
How do you (personally) feel about … ?	*Was hältst du (persönlich) von … ?*
Could you explain something to me?	*Könntest du mir etwas erklären?*
What about (the prohibition of drinking alcohol in public places)? Do you think that's right?	*Was denkst du über (das Verbot, Alkohol in der Öffentlichkeit zu trinken)? Glaubst du, dass das richtig / in Ordnung ist?*
I don't suppose you'll agree, will you?/ … you would agree, would you? *(eine Antwort fordernd)*	*Du wirst sicher nicht zustimmen, oder?*

Du kannst auch Fragen mit Verneinungen stellen, um deinen Gesprächspartner zu einer Meinungsäußerung zu bringen:

Don't you think that … ?	*Glaubst du nicht, dass … ?*
Wouldn't you like to see … ?	*Hättest du nicht auch lieber … ?*
Shouldn't we … ?	*Sollten wir nicht … ?*

Zustimmen und widersprechen (*Agreeing and disagreeing*)

This is / That's true.	*Das stimmt.*
I agree (with you).	*Ich bin deiner Meinung.*
(I'm sorry but) I disagree (with you).	*Ich bin nicht deiner Meinung.*
Yes, of course.	*Ja, natürlich.*
No, not at all.	*Nein, ganz und gar nicht.*
That's a good / great / fantastic idea.	*Das ist ein guter / großartiger / fantastischer Vorschlag.*

Excuse me but I think that's a bad idea / That's a bad idea.	*Das ist kein guter Gedanke/keine gute Idee.*
You're right (about / that ...)	*Du hast recht (mit/wenn du sagst, dass ...).*
I'm sorry, but you're wrong (about ... / about that).	*Das stimmt nicht.*

Wenn du entsprechende Adverbien vor „right", „wrong" und „understand" stellst, wird deine Antwort sehr deutlich.

You're absolutely right.	*Du hast völlig recht.*
You're totally wrong.	*Du liegst völlig falsch.*
I think you don't really understand (the problem).	*Ich glaube, du verstehst (das Problem) überhaupt nicht.*

Wenn du dir mit deiner Meinung nicht sicher bist, verwende Ausdrücke wie:

I'm not sure / certain.	*Ich bin (mir) nicht sicher.*

Jemanden unterbrechen *(Interrupting someone)*

Can I ask you something?	*Kann ich dich etwas fragen?*
Can / May I (just) say something, please?	*Kann ich bitte etwas sagen?*
Excuse me, but ...	*Entschuldigung, aber ...*
I don't wish to stop you but / I'm sorry to interrupt but ...	*Ich möchte dich nicht unterbrechen, aber .../Ich unterbreche dich ungern, aber ...*
I'm sorry, I don't agree with ...	*Ich bin anderer Meinung (als) ...*
I'm sorry, that's not right / fair.	*Das ist nicht richtig/fair.*
I'm sorry, but (I'd just like to say) ...	*Es tut mir leid, aber (ich möchte kurz anmerken) ...*
You're wrong there. *(nachdrücklich)*	*Du hast nicht Recht./Da hast du mit Sicherheit nicht Recht.*
I don't think you're right.	*Ich glaube, dass du nicht Recht hast.*
Oh, come on! You don't really believe that. *(wütend)*	*Das glaubst du doch selber nicht.*
How can you say that?	*Wie kannst du das sagen?*

Darum bitten, dass etwas wiederholt wird *(Asking for something to be repeated)*

Excuse me, could you say that again, please?	*Kannst du das bitte noch einmal sagen?*
Sorry, could you repeat that / what you said about ... ?	*Kannst du das bitte wiederholen?*

I'm sorry / I'm afraid I didn't quite hear / catch / understand what you said. Could you say it again / repeat it, please?	*Es tut mir leid, aber ich habe nicht genau verstanden, was du meinst/ gesagt hast. Kannst du das bitte noch einmal sagen?*
I'm sorry / I'm afraid, I missed / forgot what you were saying (about ...). Could you explain it again / once more, please?	*Es tut mir leid, ich habe nicht verstanden/ich habe vergessen, was du (über ...) gesagt hast. Kannst du das bitte noch einmal erklären?*
I'm sorry / I'm afraid, you were talking a bit too fast for me – could you say it again a little bit more slowly / would you mind repeating what you said, please?	*Es tut mir leid, du hast für mich etwas zu schnell gesprochen. Könntest du das bitte etwas langsamer wiederholen?/Es tut mir leid, das war ein wenig zu schnell für mich. Könntest du es bitte etwas langsamer wiederholen?*

Ein bereits behandeltes Thema aufgreifen *(Returning to an earlier topic)*

You said earlier ...	*Du hast vorhin gesagt ...*
You mentioned / talked about ...	*Du hast ... erwähnt.*
A few minutes ago you said ...	*Vor ein paar Minuten hast du gesagt ...*
As you said before ...	*Wie du vorhin/schon gesagt hast, ...*
Can we go back to ... for a minute?	*Können wir noch einmal auf ... zurückkommen?*

Das Thema wechseln *(Changing the subject)*

We've talked a lot about ... Could we look at ... now?	*Wir haben viel über ... geredet. Könnten wir jetzt über ... sprechen?*
Can we move on and talk about ... ?	*Können wir weitermachen und über ... reden?*
We should really talk about ... too.	*Wir sollten wirklich auch über ... reden.*
That's my opinion about (tennis). But what about (football)? What do you think about it?	*So denke ich über (Tennis). Aber was meinst du zu (Fußball)/hältst du von (Fußball)?*
Can we talk about ... now?	*Können wir jetzt über ... sprechen?*
Perhaps we should also talk about ...	*Vielleicht sollten wir auch über ... reden.*
Can / May I say something at this point?	*Kann ich an dieser Stelle etwas sagen?*

Andere zum Reden bringen (*Making people talk*)

Direkte Fragen mit Fragewörtern wie „what", „why", „where", „when", „who", „which", „how":

What do you think, (Anne)?	*Was meinst du, (Anne)?*
Why do/don't you think so?	*Warum glaubst du das (nicht)?*
Can we find a solution together?	*Können wir zusammen eine Lösung finden?*

Entscheidungsfragen:

Are you interested in ...?	*Interessierst du dich für ...?*
Do you want ...?	*Willst du ...?*

Bestätigungsfragen:

The weather is terrible today, isn't it?	*Das Wetter ist schrecklich, oder?*
It isn't cold outside, is it?	*Es ist nicht kalt draußen, oder?*

TIPP

Manchmal musst du kurz überlegen, bis du weißt, was du sagen möchtest. Damit das Gespräch dennoch nicht unterbrochen wird, kannst du folgende Füllwörter benutzen:

- *Well, ...*
- *Let me see ... / I see ...*
- *I'm not sure, but ...*
- *What I'm trying to say is ...*
- *Actually, I think ...*
- *I guess ...*

Lerne diese Ausdrücke auswendig und versuche, sie bereits während des Unterrichts im Gespräch anzuwenden.

Wenn einer von euch nicht mehr weiter weiß, kann der andere mit solchen Fragen helfen:

- *Are you saying that ...?*
- *What do you think about ...? / Don't you think that ...?*

5.4 Übungsaufgaben zum Bereich „Speaking“

Oral exam – Part I

Hinweis

In diesem Teil musst du etwas über dich selbst erzählen. In der folgenden Übung sollst du in Vorbereitung auf ein mögliches Prüfungsthema eine Mindmap erstellen.

1. Make a mind map of your family. The following aspects might help you. Feel free to add other details, too.
   - your family members' names
   - their ages
   - your parents' jobs
   - your family members' hobbies
   - your house / your flat
   - the activities you do together
   - where you have gone on holiday / are planning to go on holiday
   - what you like / don't like about your family
   - your grandparents / aunts / uncles …
   - your pet
   - …

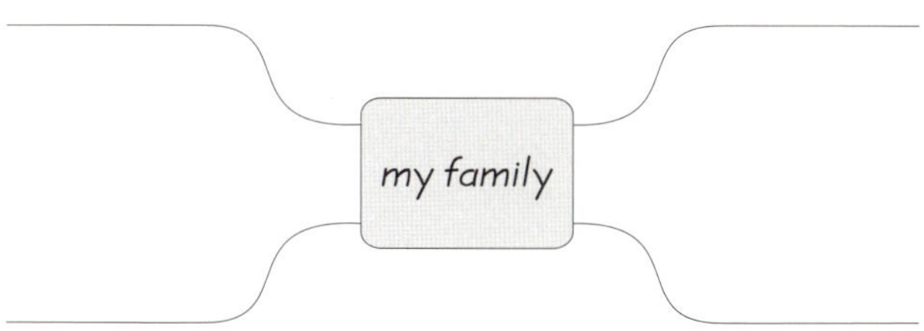

Hinweis

In einem zweiten Schritt übst du deine Präsentation, indem du versuchst, mithilfe deiner Mindmap eine zusammenhängende und gut strukturierte Antwort auf die Frage deines Lehrers oder deiner Lehrerin zu geben.

2. **Teacher:** Tell me something about your family.
   You: Well, in my family, there are …

Oral exam – Part II

Hinweis

In diesem zweiten Prüfungsteil legt man dir ein Bild vor. Du musst zunächst im Detail beschreiben, was du auf dem Bild siehst, und dann ein paar persönliche Gedanken äußern. Du hast rund zwei Minuten Zeit, alles über das Bild zu sagen, was dir einfällt. Wenn du jedoch ins Stocken gerätst, wird dir dein Lehrer oder deine Lehrerin Fragen stellen, die dir helfen, deine Redezeit zu nutzen.

3. **Teacher (to Candidate A):** Describe the picture, please.

Hinweis

Die Fragen, die sich an deine Bildbeschreibung anschließen können, hängen natürlich davon ab, auf welche Aspekte du bereits eingegangen bist. Mögliche „prompts" (Hilfestellungen) könnten z. B. sein:

Teacher:
- What has happened? / What will happen next?
- What could be the problem?
- Why are they sitting at the computer?

4. **Teacher (to Candidate B):** Describe the picture, please.

Possible prompts:

Teacher:
- What could the children be talking about?
- How is the girl feeling?
- What could happen next?
- Do you know anyone who has been in a situation like this?

Oral exam – Part III

Im letzten Teil des „oral exam" führst du mit einem anderen Prüfling ein Gespräch zu einem vorgegebenen Thema. Es kann sein, dass ihr Rollenkarten erhaltet, die unterschiedliche Informationen enthalten. Die Stichpunkte auf euren Rollenkarten führen euch als roter Faden durch das Gespräch. Dabei kann es sich z. B. um ein Verkaufsgespräch im Supermarkt oder an der Kinokasse, um ein Gespräch mit einem Austauschschüler/einer Austauschschülerin oder um die Organisation einer Party bzw. Schulveranstaltung handeln (Aufgabe 5).
Es ist aber auch möglich, dass ihr beide dieselbe Collage/dieselben Stichpunkte erhaltet und euch in Bezug auf die Fragestellung einigen sollt (Aufgabe 6).

Hinweis

5. "At the cinema"

Teacher: In this part of the test you are going to talk to each other. One of you wants to buy cinema tickets, the other one works at the ticket office. When you have read your prompts, you can start with your dialogue.

Rollenkarte A

You are on a trip through Great Britain and want to go to a cinema. You go to the ticket office to buy tickets for yourself and two of your friends. It is now 6.30 p.m.

Here are some prompts you can use:
- tickets for "The Royal Family"?
- number of tickets: 3
- time film ends?
- where to buy popcorn, something to drink?

Rollenkarte B

You sell tickets at the cinema in Birmingham. You are talking to the customer. It is now 6.30 p.m.

Here are some prompts you can use:
- how many tickets?
- £ 6 back rows, £ 4 front rows
- student ID? Ticket £ 1 cheaper
- end: 8.45 p.m.
- interested in film poster? → cinema shop

6. "Money for charity"

Teacher: At our summer party last year the school raised €2,500 to give to a charity. Which charity do you think we should give it to? Here are some we have selected, but of course you may have other ideas, too. Discuss carefully the reasons for and against each charity and try to come to a decision about what to do with the money.

6 Anhang: Hörverstehenstexte

Listening Test 1: Short dialogues

Text 1: What must Rob buy?

Penny: Hi.

Rob: Hi, Penny, it's Rob. I've got a problem with your shopping list.

Penny: Okay, what's the problem?

Rob: Well, I've almost finished shopping but I can't read what you've written next to Parmesan cheese. Is it 25 grams, two 50-gram packets or 250 grams?

Penny: Unless you want Parmesan on everything, including your cornflakes, I think 250 grams sounds a lot, don't you? Get the two packets.

Rob: Two 50-gram ones or two 25 grams?

Penny: Weren't you listening? The two 50 ones.

Text 2: What time does Tom arrive in school?

Mrs West: Hello, Tom. Late again.

Tom: I'm sorry, Mrs West. I forgot my pencil case, so I went home for it – and I'm only 15 minutes late.

Mrs West: Yes, Tom – ONLY! School starts at ten to nine!

Tom: I'm sorry, Mrs West.

Mrs West: And Tom, you should remember to put everything in your bag before you go to bed. So you're ready for school the next morning.

Tom: Yes, Mrs West.

Mrs West: And another thing, Tom.

Tom: Yes, Mrs West?

Mrs West: Do you normally come to school in your socks?

Text 3: Which poster do Vicky and Pete put on the school wall?

Vicky: Pete, you and I have got to organise the party for the fifth year this week.

Pete: Yes, I know. Have you got any ideas what we can do for them?

Vicky: Lots really. They always like party games, so we've just got to think of three or four, and then we can have some music – a disco – something like that. We can also have a talent contest, and, of course, we need food and drink. What do you think? Have you got any other ideas?

Pete: It all sounds great, but not the disco! You know fifth year kids don't dance, especially the boys! Should we have a theme for the party this year, too, like … 'monsters' or … 'ghosts'?

Vicky: Yeah, you're right about the disco. I like the theme idea … but monsters and ghosts? What about kings and queens?

Pete: That's okay. I suppose some kings were monsters as well, weren't they?

Text 4: Where does Mary post the letter?

Paul: Can you do something for me on your way to work?

Mary: Yes, of course, if I've got the time.

Paul: Could you post my letter for me? It's very important.

Mary: That's no problem. I'll post it in the village.

Paul: No, don't post it there. The letters aren't collected until 6 o'clock. Can you take it to the postbox near the chemist's? The letters are collected in the morning there.

Mary: Which chemist's?

Paul: The one opposite the station.

Mary: I think I should go five minutes earlier then – it's always busy near there and I don't want to be late for work.

Text 5: Which present doesn't June buy for her nephew?

Trevor: Hello, June. What are you doing looking in the toyshop window?

June: Looking for a good idea for my nephew. It's his birthday on Saturday. I've got him a T-shirt but I want another present, too.

Trevor: How old is he?

June: He'll be nine. What do you get 9-year-old boys?

Trevor: They're no problem. Buy him a football.

June: He doesn't like football, or tennis. Actually, he doesn't like sport at all; he's more the reading sort of person. That's funny, really, because his dad is sport mad and hates books, unless they're about football, of course.

Trevor: What about a computer game? There are lots of good ones for young people.

June: His mum won't allow it. She says he's too young for computer games.

Trevor: I think you should go to the bookshop then – you'll get something there for him.

June: I'll do that. Thanks, Trevor.

Text 6: Where will John and Lynn go on holiday this year?

Lynn: Where should we go on holiday this year, John?

John: I've been thinking about that, too. Last year, we went to Spain, so I don't want to go there again. I'd love to go to Africa, though.

Lynn: So would I. Africa would be super, but it's expensive.

John: Perhaps one year we'll have enough money for that. I'd like to go to Paris or Rome, or maybe Switzerland.

Lynn: I don't like mountains and I've been to Paris before. Rome isn't too expensive – let's go there and then next year we can go to Africa. Oooh, I'd love to go there – all those wild animals and that fantastic countryside and those super people.

John: Let's book this year's holiday first, Lynn.

Listening Test 2: Short texts

Text 1: Which group of people get onto the plane second?

I'm pleased to tell you that flight TA 3654 to Toronto is now ready for boarding.
Unfortunately, we can only use the front door of the plane today, due to a faulty walkway to the rear one. This means that boarding will take a little longer than normal. Please listen carefully to the boarding procedure and have your boarding card and passport ready.
First class, business class and adults with small children may now start to board the plane. The next group of passengers to get on the plane are those in Economy – rows 25 to 35. Please look at your ticket to see which row you are seated in. Once these passengers have boarded, rows 10–24 may follow.
We would like to apologise for any inconvenience this may cause.

Text 2: How will Daniel get home if his mum can't meet him?

Oh … Hi, Mum … um … so, you're busy at work or doing something … OK, I'll leave a message. I'm still at Paddington Station – the train's late again. There's a bad storm near London and it's causing a lot of problems – trees blown down and things like that. I'll probably be in Exeter about 6.30 now – no guarantees about that, though, since there might be more disruption. Can you wait for me outside the station? If you can't make it, can you text me, please? I'll then get a taxi. It shouldn't be too expensive and it's quicker than the bus. See you later.

Text 3: Which is the correct way to the hotel?

Tourist: Excuse me, I'm looking for the Castle Hotel.
Passer-by: Oh, I know where that is – it's in the marketplace.
Tourist: How do I get there?
Passer-by: Go straight ahead and turn left at the end of the road. Then … take the second road on your right. It'll take you straight to the marketplace. In the marketplace, go right. The hotel is about 50 metres further on your right but the entrance to it is just round the first corner.
Tourist: It sounds rather hard to find.
Passer-by: No, it's not – it just sounds difficult. You'll find it easily enough.
Tourist: Thank you.

Text 4: What is Tom going to do now on Saturday?

Tom: Do you know what the weather is going to be like this weekend, Clara?

Clara: It isn't going to be great, Tom. There's heavy rain coming in from the Atlantic. The weather forecast on the radio also said it would be a wet start tomorrow for everyone. But in the South it should be sunny on Sunday.

Tom: Well, that's spoilt my plans. I was going to take the dogs for a long walk on the beach on Saturday but I won't bother now. They can have a quick run about in the park instead. What are you doing at the weekend?

Clara: I'm driving down to London on Saturday to see my sister. I'll be back on Monday.

Tom: So you'll have the nice weather on Sunday and me and my dogs will be getting very wet.

Clara: It looks that way, doesn't it?

Text 5: Where will each group of friends wait?

Anna: Rosie's had a great idea for my birthday, Mum.

Mum: What's that?

Anna: Rosie said her dad would take us flying. His friend has got a four-seater plane he can fly and he'll take Rosie, me and four of our friends with him.

Mum: How's that going to work? That's six people.

Anna: He said that there's a small café at the airport where we can buy pizzas or sandwiches and sit outside to eat them. So he'll take three of us up in his plane for half an hour while the other three are eating. Then he'll land and we'll swap over.

Mum: That's really nice of him. How are you all going to get to the airport?

Anna: Mum's 7-seater taxi?

Text 6: Where was Lilly when she found out that she'd lost her camera?

Harvey: Hi Lilly. How was your holiday?

Lilly: I had a great time but I lost my camera on the second day.

Harvey: That wasn't a very good start to your holiday. What happened?

Lilly: It was my own fault. I'd been walking around San Francisco for hours and saw a really nice bench. I sat down and after a while I saw a taxi – so I waved to it and the driver stopped. He took me back to my hotel. The next morning after breakfast I realised I'd left my camera on the bench!

Harvey: Didn't you go back for it?

Lilly: Do you really think it would still have been there? I don't.

Harvey: It might have.

Lilly: No way. But I had my smartphone with me so I could still take some holiday photos.

Listening Test 3: The German exchange

Aiden: Miss, have you got a little bit of time to talk to me?

Mrs Jackson: Of course, Aiden. What can I do for you?

Aiden: I was ill when you talked about the German exchange. I think I'd like to go but could you tell me more about it, please?

Mrs Jackson: Sure. The school is in the south of Germany. It's got about 800 pupils. We'll visit it first; normally we go in January when it's cold – and the German pupils come to us in March. We won't have the exact dates until we book the plane.

Aiden: My friend said maybe not everyone could go.

Mrs Jackson: No, he got that wrong. Not all the pupils from Germany can come to us – we've only got fifteen people in our German group so the Germans can only send 15 people, too.

Aiden: That's good to know. Will our partners be boys or girls?

Mrs Jackson: We always try to match a boy with a boy and a girl with a girl, but that doesn't always happen. And their English is good! But you must try to speak German in Germany.

Aiden: OK, I can do that. What do we do on the exchange?

Mrs Jackson: This is the fifth year we've had the exchange and we do similar things every year. When we get to Germany, you'll go with your partner to school and join your partner's lessons.

Aiden: You mean I'll have to do Maths in German? – I can't do that! I can't do Maths in English.

Mrs Jackson: Don't worry – we arrive on Wednesday, so your first day in school is on Thursday. In the afternoon we all go ice-skating so everyone gets to know each other. On Friday, we go into the town and we'll show you all the sights – your partners have to go to school in the morning but they finish at 1 o'clock. So they'll meet us there later.

Aiden: What happens at the weekend?

Mrs Jackson: We don't have a programme for the weekend. Your partner organises that. On Monday afternoon and Tuesday, though, we've some trips to different places planned.

Aiden: How do we travel and how much will the exchange cost?

Mrs Jackson: We'll get the train to Manchester airport and then fly to Germany from there. In Germany, a minibus will collect us at the airport and take us to the school. The exchange costs £ 270 – but that includes everything: the travel, the trips in Germany and England, all the extras like insurance, and two evening meals – on the last night in Germany and in England we always go to an Italian restaurant together. Look, I've got a handout here – read it and if you want to come, give me the form on Friday.

Aiden: Thanks – it sounds fun, but I'll have to talk to my parents about it.

Listening Test 4: Off the sofa and do it!

Sam: Hi Beth. I saw you in town yesterday, but I don't think you saw me.

Beth: No, I didn't, I'm sorry. Did you buy anything?

Sam: Actually I wasn't buying anything. I just wanted some information and brochures.

Beth: Sounds interesting. Information about what?

Sam: I've always wanted to learn windsurfing and I thought I'd do something about it instead of just sitting at home saying to myself, "I'd like to go windsurfing".

Beth: I know that feeling. But don't you have to be an excellent swimmer to do that?

Sam: Not really. The main thing is that you *can* swim! Anyway, this morning I thought I'd get some information. I know I could get most of it off SeaSports' website but I wanted to talk to someone, too.

Beth: Where are the courses?

Sam: Do you know where Snettisham Beach is?

Beth: Of course. We often went there as little kids to have a picnic.

Sam: Well, ... there's a narrow road going left just before the beach car park. And if you go about one mile down it, you come to the sailing club. Behind the club, there's a big lake. The courses are done on the lake but once you've learnt all the basics, you can go on the sea, too.

Beth: I can imagine it's quite difficult. You must need hundreds of lessons before you can do it.

Sam: No, not at all. That's what's really interesting. The guy in the shop told me that after a one-day course most people can go windsurfing on the sea if it's not too windy.

Beth: I thought it'd take much longer.

Sam: No, it doesn't. At first you don't go on the lake. They've got a windsurfing board on land balanced on something so it moves about. You learn to control this board and try not to fall off it – there're two footprints on it, too, so you know exactly where to stand. Once you can do this, you go onto the water. The guy said that I'd fall in a lot but I'd learn very quickly how to get across the lake by myself.

Beth: What about turning around?

Sam: It's quite easy apparently. But what is very difficult is getting going again after you've fallen in. The sail is wet and heavy and you have to pull it out of the water – that's tiring and you can fall off the board again doing this.

Beth: So, in one day you can learn how to windsurf?

Sam: Yes, but you're still only a beginner.

Beth: I'd love to come, too. Can I? How much does it cost?

Sam: It's £60 for the day – that's three hours in the morning and two in the afternoon.

Listening Test 5: My Norfolk

John Watson: One of my favourite counties in Britain is Norfolk. Not only has it got a lot of wild coast, it's also got many large country houses. In my area there are three I'd like to tell you about.

The first is Sandringham House. King Edward VII bought it in 1862 when he was Prince of Wales and it's been one of the private homes of the Royal Family ever since. You can go into the house and the gardens most times of the year, but not at Christmas, when the members of the Royal Family use it.

My next favourite house is Holkham Hall. The house is very, very big and was built in the 1700s. It sits in the middle of a huge park full of deer. It's still owned by the same family but they have to think of exciting ways for the house to earn money. Tourism brings a lot and so does the only car park to the fantastic beach there. In recent years, though, the owners have started having open air concerts; sometimes classical ones where people bring picnics, sit in the park and listen to the music, or they have concerts by well-known people in the music industry.

My final house is Houghton Hall and it's not far from Sandringham House. It was built originally for the first British Prime Minister in the 1720s but in 1797 it was inherited by the family who continue to own it today. It's not as big as Holkham Hall, but the owners have a similar problem: the house needs to pay for itself. The house is open to the public but not every day throughout the year. However, in recent years they've found a colourful way for it to earn money. The house becomes an art gallery for famous artists such as Damien Hirst, who once exhibited a dead shark in a glass case.

Listening Test 6: Things you didn't know about London

Speaker: Everyone knows London, don't they? But I wonder how many of you know some of the facts I'm going to tell you.

There are over eight million people who live in London and these people speak 300 different languages. And every year, London gets an average of 17 million visitors – perhaps you were one of them? If you were, then maybe you know that every year Oslo, the capital of Norway, gives London a big Christmas tree for Trafalgar Square.

You've heard of Big Ben and you'll know it's not really the name of the tower but only of the bell inside it. However, only few people know that the Houses of Parliament still have a strange law: you're not allowed to enter the building wearing a suit of armour. I can just imagine people doing that today, can't you?

Have you heard of Peter Pan? Of course there have been lots of books and films about him. But did you know that all the royalties from the books and the films go to a children's hospital in London called Great Ormond Street? Royalties are a percentage of the book price or the ticket price to see a film or a play. The author, James Matthew Barrie, didn't have any children himself, so when he died, he gave the hospital this present, which has made it quite rich.

London had the very first underground railway in the world, but there were some unexpected surprises for the workers when building it. At Aldgate Station, for example, they discovered a huge grave with 1,000 dead bodies in it from the plague of 1665. They decided to continue building the station above the bodies rather than removing them all! They're still there!

London is slowly growing upwards rather than outwards and you only have to look at its skyline to see this. One of the most interesting buildings is the Shard. You can't miss it because it's 310 metres high. Many of London's high-rise buildings have been given fun names such as the Gherkin, the Cheese Grater or the Walkie-Talkie. Look out for them next time you're in London.

Listening Test 7: The California Gold Rush

Speaker: In 1847, California became a US territory. Most Americans at the time lived on the East Coast. But thousands traveled west to California after a settler reported finding gold there.

James Marshall found the gold nugget in January 1848. Mr Marshall was building a sawmill near the American River in central California. When he looked in the water, he saw shiny pieces of metal. One of them was about the size of a fingernail. Mr Marshall took the piece and put it in his mouth.

Paul Johnston is curator of Maritime History at the Smithsonian's Museum of American History here in Washington, D.C. The museum displays the gold nugget Mr Marshall found.

Paul Johnston: And you can see Mr Marshall actually bit down on it. You can see the molar marks, his bite mark on it as well as a little chip taken out of the upper left hand corner for assaying, or testing the purity of the gold.

Speaker: Mr Marshall knew he found gold because the metal was soft. He and his boss gave the nugget to the US government to prove they found gold on the land. News of James Marshall's discovery traveled to the East Coast. But communication was slow in the middle of the 19th century. People in the big eastern cities of New York and Boston heard only rumors about gold in California. It was not until December 1848, almost a year after Mr Marshall's discovery, that President James Polk told Congress the rumors were true. During the next weeks and months, thousands of young men from the Northeast left their homes and families to seek great riches in California.

Paul Johnston: You didn't really have to work for it, as far as they knew. You just had to lean over and pick it up and you were rich.

Speaker: One of those young men was Benjamin Buckley. His records suggest he found thousands of dollars' worth of gold. Buckley put some money in banks and sent some to family members. Alexander Van Valen, however, was not as successful. The Smithsonian's Museum of American History has letters he wrote to his wife and daughters in New York.

Paul Johnston: His wife tried to make a living by sewing and by borrowing money from the financiers against her husband's future profits. But it was not any easier for her than it was for her husband 3,000 miles away in California.

Speaker: In two years, Alexander Van Valen earned only $ 500. Most people who traveled to California to find gold were like Van Valen – they did not get rich. But Paul Johnston says the California Gold Rush was important for other reasons.

Paul Johnston: The Gold Rush really put California on the map. It made it desirable. It made the East Coast want California to become part of the United States. So, it was huge.

Speaker: In 1850, California became the country's 31st state.

Adapted from: https://learningenglish.voanews.com/a/california-gold-rush-1849/1969067.html

Listening Test 8: The Stolen Generations

Greg: This is *TopFM*, my name is Greg and I'd like to welcome you to our special programme on the history of Australia. Jenny Green has come into the studio today to talk about the so-called Stolen Generations. Jenny, could you explain to our listeners what happened to these people?

Jenny: Sure. From the late nineteenth century to about 1970, various Australian governments took Aboriginal children – or children who had at least one Aboriginal parent – away from their families. Their aim was to make them adopt white culture.

Greg: What was the idea behind that?

Jenny: Well, basically, the governments were trying to get rid of Aboriginal peoples and their traditions. They thought that if Aboriginal children were forced to adopt white culture, the Aboriginal way of life would soon die out.

Greg: But Aboriginal peoples had been there long before the first Europeans arrived.

Jenny: That's true, of course, but many whites thought their culture was better than that of the Aboriginal peoples.

Greg: What happened to the children?

Jenny: The children were separated from their parents – their families – and often taken thousands of miles away, so they would never see each other again. You can imagine how awful this was for them. Many children were also told that their parents had died or just left them. These children were then put into homes run by the church or the state. Some were also adopted from the homes by white families. Most were given "white" names and the only language they were allowed to use was English, not their own – that was forbidden. They were taught to reject their Aboriginal past.

Greg: Sounds like something out of a bad film …

Jenny: But, sadly, it was for real. In some areas, one in three children were taken away – nearly every Aboriginal family lost children in this way. In the homes, children were badly treated and often left cold and hungry. They were given an education, but usually a rather poor one – one just enough to allow them to do basic work, for example as household servants or shepherds.

Greg: Things must have got better since then, though.

Jenny: Yes, but it's taken a long time. In 1997, there was a critical report of what happened to the Stolen Generations. One of its suggestions was to have an annual National Sorry Day for all Australians to remember this part of their country's history – it was later renamed the National Day of Healing. In 2000, during the Olympic Games in Sydney, an Aboriginal runner was chosen to light the Olympic fire. After winning a gold medal, she ran around the track carrying both the Aboriginal flag and the Australian one – a powerful symbol of reconciliation. But it wasn't until 2008 that an Australian prime minister officially apologised to the Stolen Generations.

Greg: So has the sad history of the Stolen Generations finally come to an end?

Jenny: Unfortunately, not completely. Many Aboriginal people still suffer from how they were treated by the whites. And apparently, the number of children who are taken away from their parents is still much higher for Aboriginal people than for white people. Even today, governments seem to spend a lot more money on putting Aboriginal children into state-run homes than on helping them to stay with their parents.

Greg: These aren't very happy facts, are they? Well thanks for now, Jenny, and we'll talk some more after the break …

Listening Test 9: What can be done?

Harry Jacks: Welcome to our programme. With me today is Gerri Hartwell, who works with young people in Birmingham. We're going to talk about some of the problems she deals with every day. Ms Hartwell, can you give our listeners a picture of the main problems that affect young people?

Gerri Hartwell: Call me Gerri, Harry – everyone I work with does. It's difficult to explain all the problems and why they happen, but as most people know, the main ones are drugs, smoking, alcohol, computer game and smartphone addiction. Drugs and smoking are under control – our statistics show that drug use is less than five years ago and not as many young people are smoking.

Harry: That's good news.

Gerri: Yes, it is. We've had a very strong anti-drug campaign which sports organisations, such as football clubs, and many pop stars have supported. The anti-smoking campaign has also been successful. There's now no advertising for cigarettes, and there's not much smoking in television programmes and films. You see, if young people don't see smoking as the cool thing to do, they don't do it. The government has banned smoking inside all public places – such as pubs, discos, train stations and so on – which has also helped. But perhaps the biggest factor has been to hugely increase the price of a packet of cigarettes to about £ 11, with talks of that price increasing even more.

Harry: That's a lot of money! But the other big problem is alcohol, isn't it?

Gerri: Sadly, yes. Young people have always found alcohol interesting but the problem is now out of control. Many teenagers, even at the age of 13, get drunk every week … and there's a lot of binge drinking.

Harry: Can you explain what binge drinking is exactly for our listeners?

Gerri: Yes, of course. Many young people are drinking a lot of alcohol very quickly. They're doing this just to get drunk. If teenagers thought about this more, they'd see that boasting about how drunk they got is not exactly cool – actually, it's the opposite.

Harry: So what's happening about this problem?

Gerri: Well, like smoking, we're making adverts to show young people how and why drinking too much is bad for you. We've got pictures of people lying drunk on the floor in the streets, girlfriends getting angry at their boyfriends and leaving them, or the other way around, friends not wanting to go out with other friends – accidents, of course, and illnesses. We also want the government to make it more difficult for young people to buy alcohol and make it more expensive, too. In America, you have to be 21 years old before you can drink, so why not here, as well? We also want ID cards, like the "Ausweise" in Germany and in other countries. Then pubs, discos and supermarkets can check the ages of their customers.

Harry: So there's lots of work to be done here.

Gerri: Yes, there is. And then we've got the computer games problem. Many young people play games for more than four hours a day. Can you imagine that? And the games these people play are often the ones that should be banned.

Harry: Before we go on to talk more about this, let's have a short break with some music. Any wishes, Gerri?

Gerri: An unusual one, maybe. I'd like 'Say it's not true' by Queen – there's a message in it for us all – 'think about what you're doing before it's too late'.

Listening Test 10: Environment views

Presenter: Hi. I've invited Grace and Lewis to come on my programme today so we can hear their views about the environment. Grace, do you want to start?

Grace: Sure. Everyone knows we're making a mess of our planet but there never seems to be anything really done about it.

Lewis: That frustrates me, too. There's lots of talking, but where's the action?

Grace: Exactly. And when something is suggested, like wind farms, then people start complaining about how ugly they look and that they spoil the view! Or when a solar farm is planned, suddenly that area is special for the lesser-spotted, black-headed butterfly that no one has seen for the last 60 years! So part of the problem is *us*.

Presenter: I certainly agree with you there. But what about our daily lives? Would you like to see any changes there?

Lewis: Yes. I keep telling my parents to walk more. My mum uses her car to take her letters to the post office in the village. It only takes five minutes to walk there! But, no, she has to take the car – find her keys, open the garage, get the car out, close the garage door and then drive to the post office; all that takes more than five minutes anyway.

Grace: My parents are much the same. They could walk or use their bikes but somehow they don't. If petrol was made more expensive, they probably would for short journeys – and that means other people might, too.

Lewis: But it isn't just car owners to blame. My grandad was saying that when he was a kid, there were buses every seven minutes into the town. If I miss the bus, I have to wait an hour for the next one.

Grace: That's the point. If there were more buses, people would use their cars less and that would mean less pollution and cleaner air. And if there were more car-free routes for bikes, more people would cycle.

Presenter: I would, definitely. What else gets you angry?

Grace: Us again! I watched a programme about the effects of tourism yesterday, which was really interesting. Planes pollute, we know that. But many areas in the world have very little water, so when large hotels with swimming pools and golf courses are built and their guests use showers every day, the water situation becomes even worse.

Presenter: I've never really thought about that – and I guess a lot of water is then also used for washing towels and sheets. With the world having so many environmental problems, is there anything you'd particularly like to see happen?

Lewis: It would be nice to think that people in the developing countries won't do the same terrible things that we've done for centuries, but I can't see how. Okay, new factories will probably be cleaner, but will people care about using plastic bags, for example? And I think the first thing many people will do as soon as they can afford it is to buy an old car, which means the car problem starts again, only in a different country.

Grace: What I'd like to see are the industrial nations helping the poorer ones to develop in a green way. It would be nice if the world could work together, just for once, on an issue that affects everyone.

Presenter: I think that's a good place to stop for a moment and listen to some music.

Listening Test 11: Five-star hotel or wilderness?

Reporter: I'm Marc White from CBC Radio 1. We're doing a short survey on how people in Vancouver like to spend their holidays. Could you tell me your first name and say what you usually do when you're on holiday?

John: I'm in a bit of a hurry, but that's an easy question to answer. My name's John and I'm 35. I've got a very stressful job, and I hardly ever go on holiday, but when I find the time, I only want to relax, so my wife and I usually go to a luxurious boutique hotel on Vancouver Island that doesn't allow small children. We go for long walks in the woods, get massages, go to the sauna and enjoy the fantastic food there.

Olivia: Hi, I'm Olivia and I'm a student at the University of British Columbia. I'm 21 and I love travelling, but I don't want to be seen as a tourist. Since I don't have much money, I usually go couchsurfing when I'm abroad. It's a great and cheap way to meet locals, make new friends and explore places far away from the typical tourist paths.

Hailey: I'm Hailey and I'm 25 years old. I wouldn't like to go couchsurfing. I think it's dangerous to stay at the house of someone you don't know. I love travelling, but I don't earn much money, so I always stay at youth hostels. I always choose a small hostel so that there's a cosy atmosphere and travellers get in touch with each other easily.

Carter: Hello, my name's Carter and I'm 16. In my summer vacation I usually go camping with my friends. I love hiking and fishing and being outside 24/7, so I wouldn't like to spend my holidays in any other way. My parents, in contrast, usually go on city trips together with their friends from the golf club.

Josh: Camping is great, isn't it? I'm Josh and I'm 15. My parents bought a large mobile home five years ago, so we always go camping. I like sleeping in the comfy bed of the mobile home, whereas my younger brother always sleeps in a tent. We always go to the same campsite, which is great, because we meet the same people every year.

Sara: Hi, I'm Sara and I'm a mum. When we go on holiday, we usually rent an apartment at the coast. Staying at a hotel's just too expensive for a family of six and a dog, although I'd really love to not have to cook. We tried camping once, but it rained for a week, so that wasn't much fun.

Lara: My name's Lara and I'm from Germany. My family moved to BC three years ago. I've got some really nice friends here, but my best friend Lisa still lives in Frankfurt, so when I go on holiday, I always visit her.

Reporter: Thanks everyone for sharing all this with me and our listeners. I hope you have a great time on your next holiday.

Listening Test 12: What's on your plate?

Reporter: Hello. My name's Allison Hill of BBC London. I'm reporting live from busy Oxford Street on this rainy Saturday morning, where I'll be interviewing people about what is usually on their plates.
Excuse me, sir, do you have a minute? Could you give me your first name and tell me a bit about your eating habits?

Henry: Of course. I'm Henry and I must admit that I'm a bit lazy when it comes to cooking. I'm single and I think it's too much work to cook just for myself, so I usually go to the pub with my colleagues after work. There's the "King's Head" next to the office and they usually have great specials.

Reporter: And what's on your plate?

Liam: Hi, I'm Liam and I'd love to be a good cook, but unfortunately I'm not. This means that my freezer's full of ready-made meals, which I simply pop into the microwave. At the weekend, I sometimes eat a fresh salad or some raw vegetables. However, my girlfriend gave me a cookery course as a Christmas present, so my cooking skills will hopefully improve ...

Clare: My name's Clare and I've been a vegan for two years. My diet is plant-based and I avoid all animal foods, such as meat, dairy products, honey and eggs. I also love Indian food, so I usually have a vegetarian curry for dinner. Vegan food is not as boring as many people think.

Finn: Vegan food? Not for me, thank you! There's nothing I enjoy more than a big chunk of steak. All my family love meat, no matter what: pork, beef, veal, lamb, chicken – I could go on forever. We also like to try exotic types, such as crocodile. In the summer, we have a barbecue at least once a week. I'm Finn by the way.

Colin: You should really consider your health, Finn! I'm Colin and I'm a vegetarian. Since I don't have a garden of my own and can't afford to buy organic food all the time, I got involved in a community garden last year. We share a garden and grow all kinds of fruit and vegetables, which is great fun and really rewarding.

Hanna: My name's Hanna. What a great idea to join a community garden – I moved to London two months ago and I find it very difficult to make friends. I bet being part of a project like this would help me meet nice people who are on the same wavelength. I consider myself a part-time vegetarian, because I usually eat vegetarian meals, but when I go out for dinner, I sometimes order fish or chicken.

Tessa: Hi there, I'm Tessa. One of my new year resolutions is to lose some weight. That's why I'm trying to cut down on sugar and carbohydrates. I recently read an article about animal transports, so I decided not to eat any more meat for ethical reasons.

Original-Aufgaben der Abschlussprüfung an Realschulen in Niedersachsen

Realschulabschlussprüfung in Niedersachsen
Englisch 2020

I. Listening

Part 1 – Questions 1–5

5 Punkte

Listen to five short recordings. For each recording, there is a question with three pictures. Choose the correct picture and put a tick (✓) in the box A, B or C below it.

Example

0. What is the man going to buy?

A ☐

B ☐

C ☑

1. When does the drama group meet?

A ☐

B ☐

C ☐

2. Who is going to do the dishes?

A ☐

B ☐

C ☐

3. Which room does the guest get?

A ☐

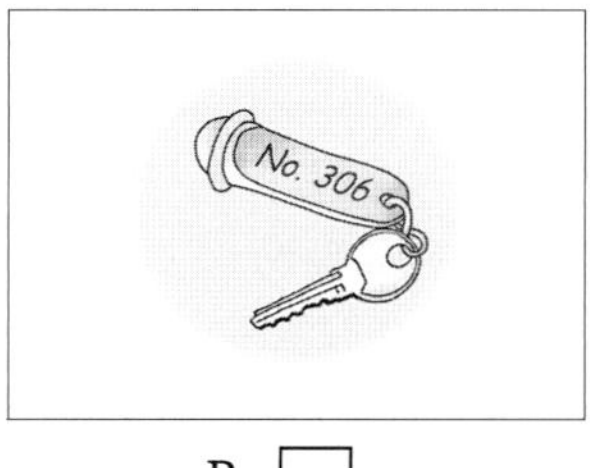

B ☐

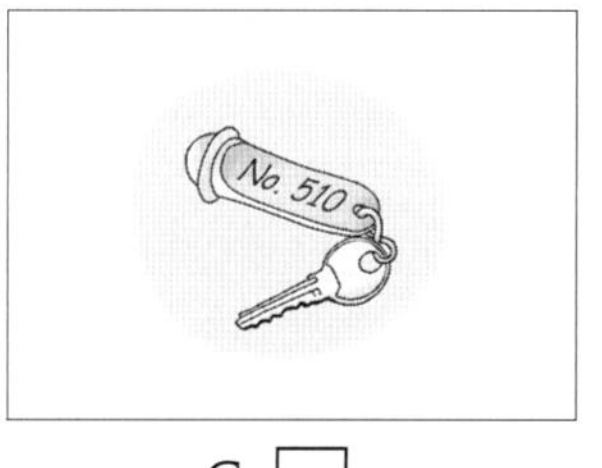

C ☐

4. How does Kevin get to his job interview?

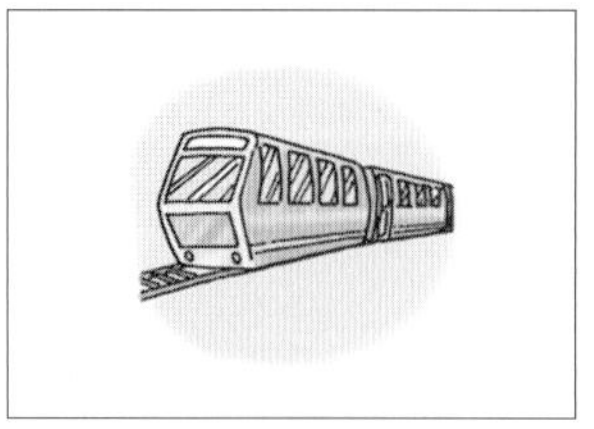

A ☐

B ☐

C ☐

5. Where do the tourists go first?

A ☐

B ☐

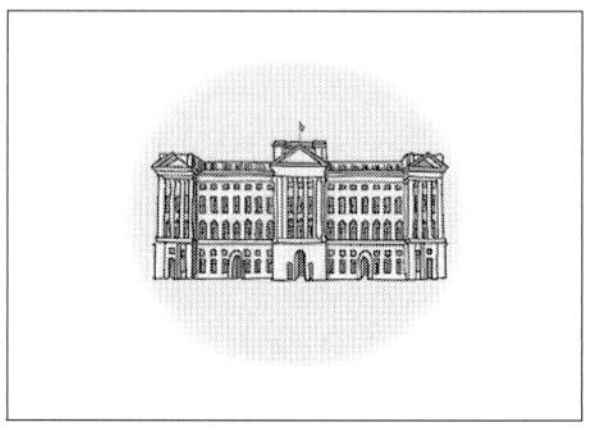

C ☐

Part 2 – Questions 6–12: A Job Interview

7 Punkte

Listen to Kevin being interviewed for a job at a clothes shop.
For each question, tick (✓) the correct box a, b or c.
The first question is an example.

0. The applicant's name is …
   a) Sandy Burns. ☐
   b) Kevin Grant. ☑
   c) Kevin Burns. ☐

6. Kevin learned about the job offer …
   a) on the Internet. ☐
   b) at a job fair. ☐
   c) from a friend. ☐

7. Kevin has heard that …
   a) the shop offers good quality. ☐
   b) the shop's advertising is attractive. ☐
   c) the working conditions are good. ☐

8. Kevin thinks his … is his weakness.
   a) motivation ☐
   b) persuasiveness ☐
   c) honesty ☐

9. He recommends that a female applicant could wear …
   a) jeans. ☐
   b) trainers. ☐
   c) a fancy blazer. ☐

10. In Costa Rica, Kevin …
   a) sold coffee. ☐
   b) guided tourists. ☐
   c) worked in a national park. ☐

11. Kevin speaks … best.
   a) Spanish ☐
   b) French ☐
   c) Polish ☐

12. In the beginning, on weekdays, Kevin would earn … pounds per hour.
   a) six ☐
   b) eight ☐
   c) ten ☐

Part 3 – Questions 13–18: Phone Repair

6 Punkte

The display of your smartphone is broken. You call the hotline of a repair shop to find out about their services. Listen to the recorded message and fill in the missing information. The first question is an example.

Name of the shop	0. Phone Hospital
Opening times	13. ____________
Where	14. ____________
Cost of your repair	15. ____________
How long it takes	16. ____________
Guarantee	17. ____________
Additional services	18. ____________

Part 4 – Questions 19–24: Polyglot

6 Punkte

You will hear a radio interview with Leyla Skovekolá, who speaks many different languages. Decide whether each statement is true *or* false.
Put a tick (✓) in the correct box true *or* false.
The first question is an example.

	Statement	true	false
0.	Leyla Skovekolá is a polyglot.	✓	☐
19.	Steven is fluent in French.	☐	☐
20.	Leyla did most of her language learning in class.	☐	☐
21.	She used her own choice of books to learn English.	☐	☐
22.	Learning lists of words is useful for learning a language.	☐	☐
23.	Leyla sees digital media as a good source for language learning.	☐	☐
24.	You can do other things while learning a language.	☐	☐

II. Reading

Part 1 – Questions 1–5: Short texts

5 Punkte

Read the texts (1–5) below and the statements a, b and c next to them.
Decide which of the statements is the correct one for each text.
Put a tick (✓) in the correct box.

a) Children should be left on the ground. ☐
b) You should run away. ☐
c) You should turn your face towards the lion. ☐

All Service Moving

LOCAL RESIDENTIAL MOVING RATES: Less than 50 miles from our local office

The rate for 2 movers + 1 truck is $140/hour. Each additional mover is $55/hour. We bill with a 1-hour minimum on weekdays and a 4-hour minimum on weekends/holidays. Time starts and ends at our office. Time to and from our office is a fixed cost based on mapped time without traffic.

** Long distance rates vary

(206) 508-5855
www.allservicemoving.org

a) Additional movers are free of charge. ☐

b) If you live far away, you have to expect different rates for moving. ☐

c) The billed time begins at your house. ☐

Lovely luggage

I ordered this luggage after reading positive reviews about it, and I must say most reviews were correct. The luggage is even better than some of the more expensive brands. Quality is great and sturdy, colour is lovely and no need for a separate lock. Absolutely delighted, I hope that it lasts for many trips. Very happy with my new luggage.

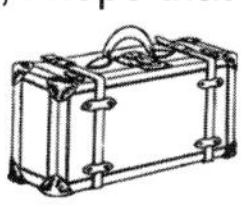

luca w.

a) The reviewer recommends buying an extra lock. ☐

b) The buyer prefers more expensive brands. ☐

c) Luca bought the product on the basis of other reviews. ☐

Romeo and Juliet tickets (London)

Desperately seeking Romeo and Juliet Ballet tickets for May 29, or June 1, matinee or evening.

Looking for five tickets but could live with just two!

Coming into town from the United States with my son who loves ballet dancing.

a) They would be OK with tickets on May 30. ☐

b) Two tickets would be enough. ☐

c) Their son is taking part in the London performance. ☐

UNDERGROUND TRAVEL INFORMATION

Please carry water with you at all times!

Don't get on a train if you feel unwell.

If you feel unwell while on a train, please get off at the next stop and seek help from a member of staff.

a) Drinks are forbidden on underground trains. ☐

b) Water is sold on the trains. ☐

c) You should only ride the train if you feel well. ☐

Part 2 – Questions 6–11: An Interview with Emma Watson

6 Punkte

Read the answers actress Emma Watson has given in an interview. Below the answers there are eight questions. Decide which question is most suitable for each answer.
For texts 6–11 write the correct letter A–H in the box next to the number. There are more questions than answers. Each letter can only be used once.

6. ☐ I was not 100 percent sure. I only really knew that when I did *The Perks of Being a Wallflower* and took some time off and went to university and really thought about what it meant. There are also other aspects of myself that I like to explore. I really love to paint and draw and to make art. Maybe at some point I will do something with that.

7. ☐ In *The Perks of Being a Wallflower* I was specifically playing one character. It was really weird, because I was much more experienced than any of the other actors on the set, but I was the most nervous of all of them. It was funny.

8. ☐ Now that I know that acting is the thing I want to do, that's more where my passion is and my focus is. I still find clothes very interesting, but I am finding more and more that I don't want to wear a dress and heavy makeup. I want to wear jeans more. It's quite intense to do it all the time.

9. ☐ They help me to keep me grounded. They definitely don't let me off the hook, as they are quite strict. They were very disciplined with me and they are quite serious; they make me take learning and education very seriously.

10. ☐ Especially animals. They have real human personalities. For me getting to hang out with my dog makes me smile, and in New York I have two cats who are so hilarious. One of my cats definitely thinks she is a human being and wants to do human things. Animals are a huge sort of comfort. And then just being able to see the funny side of life and to laugh at yourself is very important. Comedy is what can get you through trying situations.

11. ☐ It sounds like a cliché, but I would like to be able to be still. I would like to find a way to be content with myself and where I am. And I am not good at being still. I am always moving and doing different things. I am very driven, but I would like to find a way to be happy on my own.

A How important have your parents been for your personal development?

B You have so much moviemaking experience. Do you still have moments when you get insecure?

C Is there something that you wish for in life?

D How have your siblings reacted to your success?

E What makes you laugh and puts you in a good mood?

F What did you dream of as a child?

G Did you always know that you wanted to become an actress?

H You have been involved with fashion brands. Why have you lost interest in that?

New interview of Emma Watson with Savoir Flaire, November 07, 2012, https://watsonuncensored.blogspot.com/2012/11/new-interview-of-emma-watson-with.html?m=1

Part 3 – Questions 12–17: Zero Hour – Climate Crisis

6 Punkte

Read the following text about environmental teenage activist Jamie Margolin. For questions 12–17, tick (✓) the correct box a, b or c. For each question there is only one correct answer.

Zero Hour – Climate Crisis

Last year, Jamie Margolin was shocked by news alerts flashing on her phone: mudslides in Colombia, Hurricane Harvey, Hurricane Maria and, closer to home, "the thick smog that covered Seattle thanks to stronger-than-usual wildfires in Canada." Instead of simply swiping them away, Jamie decided to do something about it.

"It was already in the back of my mind to start a youth mobilisation movement," she says. "I was nervous to go there, especially since I'm so young. But last summer I realised I have to take action, even if it's going to be a lot of action." After messaging friends on Instagram Jamie founded Zero Hour, a youth organisation mobilising around the climate crisis.

"We are not a movement that happened overnight," says Jamie, who connected with adult mentors from the Women's March as well as young people who protested the Dakota Access Pipeline at Standing Rock. "It took hours and hours every day of slow but gradual movement building, and it still does."

This July, Zero Hour will host a weekend of youth action in Washington D.C. The core 25 members – who collaborate online from across the States and are mostly still at school – want to influence politicians in giving up on fossil fuels and to protest in a march.

The goal is to show how youth are affected by climate change. "It's not about a sad polar bear on an ice cap. It's about people's lives and kids and futures. People say 'Climate change? We'll deal with that later.' But it's urgent: it's zero hour."

Jamie calls climate change the "most urgent issue of our time," as it will affect young people's future and will disadvantage people, especially in poorer regions. She has relatives in Colombia, where her mother is from, who live near fracking sites and are worried about the drinking water.

"People are always asking me to plan for my future," she says. "But my generation is inheriting a totally uninhabitable planet. Within the next couple of years, we have to turn this around, or else my generation will really suffer."

Rosalie Chan: These teenage activists are shaping our future – Agents of change, Jamie Margolin – Zero Hour – 16 – climate crisis – Seattle, 1st June, 2018. https://www.huckmag.com/perspectives/activism-2/teenage-activists-protest-worldwide-agents-of-change

12. The news alerts on Jamie's phone were about …
   a) usual Canadian wildfires. ☐
   b) natural catastrophes. ☐
   c) mudslides in Seattle. ☐

13. She …
   a) wanted to start a youth organisation. ☐
   b) thought she was too young to do anything. ☐
   c) wanted to join an activist group. ☐

14. Zero Hour …
   a) started overnight. ☐
   b) is part of the Standing Rock protest. ☐
   c) took time and patience to form. ☐

15. Zero Hour members …
   a) plan to protest in March. ☐
   b) are all from the State of Washington. ☐
   c) want politicians to ban fossil fuels. ☐

16. Their goal is to …
   a) protect young people's future. ☐
   b) deal with climate change later. ☐
   c) save polar bears on ice caps. ☐

17. Jamie believes that climate change …
   a) will affect poorer people less. ☐
   b) causes fracking in Colombia. ☐
   c) might make our planet unliveable. ☐

Part 4 – Questions 18–23: Dead Whale Washed Up in Philippines Had 40 kg of Plastic Bags in Its Stomach

6 Punkte

Read the text about dead whales below.
For questions 18–23, tick (✓) the correct box true *or* false *<u>and</u> give the line(s) of reference in the text.*
The first question is an example.

A young whale that washed up in the Philippines died from 40 kg of plastic bags in its stomach. Marine biologists and volunteers from the D' Bone Collector Museum in Davao City, on the Philippine island of Mindanao, were shocked to discover the brutal cause of death for the young whale.

After conducting an autopsy, the museum stated on their Facebook page that they had uncovered "40 kilos of plastic bags, including 16 rice sacks, 4 banana plantation style bags and multiple shopping bags" in the whale's stomach. Images from the autopsy showed endless piles of rubbish being taken out of the animal, which was said to have died from "gastric shock" after swallowing all the plastic.

The D' Bone Collector Museum biologists who conducted the autopsy said it was "the most plastic we have ever seen in a whale".

"It's disgusting," they added. "Action must be taken by the government against those who continue to treat the waterways and oceans as dumpsters."

The use of single-use plastic is especially excessive in south-east Asia. A 2017 report by Ocean Conservancy stated that countries like Indonesia, the Philippines, Thailand, and Vietnam have been dumping more plastic into the ocean than most other nations.

Marine biologist Darrell Blatchley, who also owns the D' Bone Collector Museum, said that in the 10 years they have examined dead whales and dolphins, 57 of them were found to have died because of rubbish and plastic in their stomachs.

In June last year, a whale died in southern Thailand after swallowing more than 80 plastic bags, which weighed up to 8 kg in the creature's stomach. Marine biologists estimate around 300 marine animals including pilot whales, sea turtles and dolphins, are killed by plastic each year in Thai waters.

Hannah Ellis-Petersen: Dead whale washed up in Philippines had 40kg of plastic bags in its stomach, Guardian 18 Mar 2019; https://www.theguardian.com/environment/2019/mar/18/dead-whale-washed-up-in-philippines-had-40kg-of-plastic-bags-in-its-stomach © Guardian News & Media Ltd 2020

	true	false	line(s)
0. 40 kg of plastic were in the stomach of a young whale.	✓	☐	1/2
18. The young whale died peacefully.	☐	☐	______
19. The museum went public with the results of the autopsy.	☐	☐	______
20. This amount of plastic in a whale is normal nowadays.	☐	☐	______
21. According to the text, the government uses the oceans to get rid of waste.	☐	☐	______
22. South-east Asian nations are responsible for large amounts of plastic trash in the oceans.	☐	☐	______
23. Every year, around three hundred large marine animals die from swallowing plastic waste worldwide.	☐	☐	______

III. Mediating

8 Punkte

Repair Café

Evin ist vor kurzem mit ihrem Bruder aus Syrien nach Deutschland gekommen und ist neu in deiner Klasse. Sie sucht Kontakte und ist technisch interessiert. Da ihre Deutschkenntnisse noch gering sind, hilfst du ihr, die Informationen auf der Website über ein örtliches Repair Café zu verstehen, damit sie dort Reparaturdienste anbieten kann. Sie schreibt dich in einem Chat an.

REPAIR CAFE
WEGWERFEN? DENKSTE!

Wegwerfen? Denkste!

An jedem ersten Samstag im Monat findet im Gemeindehaus zwischen 14 und 17 Uhr eine lockere Zusammenkunft von Nachbarn mit reparaturbedürftigen Dingen, Neugierigen und freiwilligen Helfern statt. Die Aktivitäten werden kostenlos und auf ehrenamtlicher Basis von den Reparaturexperten vor Ort ausgeführt.

Ziel ist es neben dem Vermeiden von Müll, Erhalt von Werten und Verbreiten von Wissen auch Kontakte und den sozialen Zusammenhalt der Gemeinschaft zu fördern. Ebenfalls bieten wir Beratung zu Neuanschaffungen oder für die weitere Verwendung von Geräten, die veraltet zu sein scheinen, wie so manches Notebook oder Smartphone.

Die Initiative der „Repair-Cafés“ geht auf die niederländische Journalistin Martine Postma zurück, die bereits 2009 das erste Repair-Café in Amsterdam eröffnete.

Wer mehr über die Initiative und die Ideen dahinter erfahren möchte:
https://repaircafe.org/de/

Wir freuen uns über zahlreiches Erscheinen und Unterstützen dieser Initiative. Wir möchten darum bitten bzw. darauf hinweisen, dass:

- Reparaturen, soweit es möglich ist, von den Besuchern unter Anleitung selbst ausgeführt werden
- eine Reparatur nicht garantiert oder gar verlangt werden kann
- Ersatzteile nicht kostenlos sein können (der Materialwert sollte erstattet werden)
- die Besucher für die Entsorgung ausgetauschter Teile oder nicht zu reparierender Geräte selbst zuständig sind

Natürlich freuen wir uns auch über eine freiwillige Spende. Der Verein schafft Werkzeuge an und finanziert Ersatzteile vor. Das kostet alles Geld. Zudem sind laufende Kosten zu begleichen. Aber auch ein Päckchen Kaffee oder ein Kuchen sind willkommen.

Wer als freiwilliger Helfer mitmachen oder Sachspenden mitbringen möchte, soll bitte vorher mit uns Kontakt aufnehmen.

Für alle Fragen stehen wir gern zur Verfügung:

repaircafe@hilfsverein-niedersachsen.de

Reparatur-Café: Wegwerfen? Denkste!, https://hölderlin-eins.de/vereine-gruppen

09:15: Connected with Evin

Evin: Hey! Thanks for offering your help. I've found this website about a repair café. I think I could help people who have problems with their bikes. Can you tell me where and when the repair café takes place?

Me (1): ______________________________

____

Evin: Great, that should work. If I do some repairs, will I get paid?

Me (2): ______________________________

Evin: For me it's about helping others anyway. What about tools? Do I have to bring or buy them myself?

Me (3): ______________________________

____

Evin: I see. And how does it work? Would I repair the bikes on my own?

Me (4): ______________________________

____

Evin: Oh, that's cool. But what if I can't help them?

Me (5): ______________________________

____

Evin: Can I just go to the next meeting if I want to help?

Me (6): ______________________________

____

Evin: All right. Unfortunately, my German writing is not very good yet. Can you contact them for me and ask if they need someone who can repair bikes? And could you ask them if they think it would be a problem that my German isn't that good yet? Thanks so much.

Me (7/8): Du schreibst dem Repair Café eine E-Mail, um Evins Anliegen in Erfahrung zu bringen.

An: repaircafe@hilfsverein-niedersachsen.de

Betreff: Anfrage

IV. Writing – Set I

Part 1 – A Review: Bad Restaurant

10 Punkte

The picture on the right shows a restaurant where you ate a few days ago. Write a review of the restaurant for traveladvisor.com.

Write about 100 words.

Include:
- *when you went there and what you ate*
- *a description of the conditions and the food you were served there*
- *how many stars you give this restaurant and why*

traveladvisor.com

☆☆☆☆☆

Enter your review here:

___

___

___

___

___

___

___

___

___

___

___

___

___

___

___

___

___

___

___

Part 2 – A Diary Entry: To Your Future Self

Write a diary entry to your future self in 10 years from now.
Write about 150 words.

Inhalt: 7,5 Punkte
Sprache: 7,5 Punkte
Gesamt: 15 Punkte

Include:

- *what hopes and dreams you have for your future (e.g. how you live, your family, your job etc.)*
- *what goals you would like to achieve*
- *what you think the world will be like*

Dear future me,

IV. Writing – Set II

Part 1 – An E-Mail: Shared Flat for Work and Travel

10 Punkte

You want to work and travel around Spain and are looking for a shared flat in Barcelona. You find the following ad and decide to write an e-mail in order to apply.

Write about 100 words.

Looking for a shared flat? We're three international students looking for a flatmate. We offer: 15 sqm room and a shared bathroom for only 350 EUR a month.

Please let us know:
- who you are and why you would like to stay with us
- what you can contribute to our group
- questions about the flat

TO:

SUBJECT:

Part 2 – An Article: Stay at Home – Online Distance Learning

Inhalt: 7,5 Punkte
Sprache: 7,5 Punkte
Gesamt: 15 Punkte

In a teen magazine you find the competition below. You decide to write an article. Write about 150 words.

We use technology for everything these days – so isn't it strange that you still have to go to school? Why can't you stay at home and study via video chat with your teacher and other students?
Sounds great! Or is it?

Tell us about:

- advantages and disadvantages of this kind of learning
- if studying via video conference would be useful and possible at your school
- your opinion

We will publish the three best articles on our website.

Anhang: Hörverstehenstexte

This is the listening part of the final examination 2020 level B 1 for schools in Lower Saxony. There are four parts to the test. You will hear each recording twice. For each part of the test there will be time for you to look through the questions. You must not speak during the test.

Part 1

Now look at part 1, questions 1 to 5. Listen to five short recordings. For each recording, there is a question with three pictures. Choose the correct picture and put a tick in the box A, B or C below it. Before we start, here is an example.

Example

What is the man going to buy?

Man: I'm going shopping now. Anything else we need for our holiday?
Woman: The sunscreen from our last trip should still work. I haven't got any sunglasses, but I can borrow some of yours, can't I? Hm, maybe something to kill the time at the airport.
Man: Yes. That's a good idea. I'll stop by the newsagent's.

The third picture with the magazine is correct. So there is a tick in box C.

Text 1

Look at the three pictures for question 1 now.
Now we are ready to start. Listen carefully. You will hear each recording twice.

When does the drama group meet?

Good morning, students. The drama group would like to remind you that their new play, *Romeo and Juliet,* will premiere today at 5:00. There are still tickets available. The drama group gathers in the assembly hall at 4:00 instead of 3:30, as initially planned. The Spanish club will not take place today because …

Now listen again.

Text 2

Who is going to do the dishes?

Dad: That was yummy. So, who is going to do the washing-up today?
Boy: Not me. I have cooked, so I'm out.
Girl: And I have done the shopping. So, Dad, you know who it is!
Dad: OK. You won.

Now listen again.

Text 3

Which room does the guest get?

Receptionist: Well, here is your key. Your room number is 105.
Woman: Thank you. Oh, erm, it is a double bed, right?
Receptionist: Oh, I'm afraid it isn't. Let's see, I could give you room 306 instead, which is a very small one, or 510 on the fifth floor, but I have to warn you – our elevator is currently out of order.
Women: Well, I think separate beds are fine then.

Now listen again.

Text 4

How does Kevin get to his job interview?

Mother: Today is your job interview, right? How are you gonna get there?
Kevin: I think I'll take the tram. It's the cheapest.
Mother: Haven't you heard? Trams still don't operate because of the construction at the station.
Kevin: Oh no! Can you give me a ride?
Mother: Honey, I've got errands to run. Take your bike!
Kevin: Mum! I don't want to arrive there being all sweaty.
Mother: OK then. I can go to the city centre first anyway.

Now listen again.

Text 5

Where do the tourists go first?

Man: So, how should we start the day today?
Woman: I'd love to go for a ride on the London Eye today.
Man: Great idea, but I kind of want to do that to watch the sunset. How about starting with St Paul's Cathedral or Buckingham Palace?
Woman: Alright. Let's head for the palace and make a stop at the cathedral on our way there.

Now listen again.

This is the end of part 1.

Part 2

Now turn to part 2, questions 6 to 12 – A job interview. Listen to Kevin being interviewed for a job at a clothes shop. For each question tick the correct box, a, b or c. The first question is an example. Now you have 30 seconds to look at part 2. Now we are ready to start. Listen carefully. You will hear the recording twice.

Sandy: Good morning, I'm Sandy Burns. Mr … Grant?
Kevin: Yes, I'm Kevin Grant. Good morning, how are you?
Sandy: I'm excellent, thanks. First of all, I'd like to know, how did you hear about the job? On the Internet?

Kevin: Well, I went to a job fair with a friend of mine and came across your stand. It looked really interesting.

Sandy: I see! So, what caught your interest in our shop?

Kevin: Actually, I love coming here to shop for clothes myself. And I usually buy something because you offer such great quality at good prices. And I find your advertising very attractive, especially for young people like me. Also, the people I talked to at the fair only said good things about the working conditions.

Sandy: *(Laughs)* That's true, of course. So, why would you be a good shop assistant, and do you have any weaknesses?

Kevin: I've got to say, I don't like working on my own. I need people around me and then I'm really motivated. Friends tell me that I'm very persuasive and think that I could sell them anything, but I think I might be a little bit too honest for that. I could never trick anyone into buying something. I would want the people to be happy with what they buy and not regret it, because if they aren't happy, they probably won't come back.

Sandy: Fair enough. What about your sense of fashion? Let's say I was your customer. What kind of outfit would you recommend for a job interview?

Kevin: Of course, that would depend on what you apply for, but a smart, casual outfit probably works in most cases. Navy blue denim trousers, a white blouse combined with a plain blazer would look nice. Maybe no trainers. Rather simple, low-heeled shoes, nothing too fancy.

Sandy: OK, thank you. In your CV, you say that after school you spent some time travelling and working abroad. Where did you go and what did you do?

Kevin: I was in Central America, mostly in Costa Rica. I worked for a fair trade organisation there for around two months. I sold coffee and traditional clothes to tourists close to one of the national parks. It was great fun.

Sandy: So, do you speak Spanish or any other foreign languages?

Kevin: Yeah, I learned enough Spanish to get by and talk to customers in the shop. At school I had French, but I can't really speak it too well. But my mother is Polish and raised me bilingually. That's why I'm fairly fluent in that language.

Sandy: Brilliant! Now, do you have any questions for me?

Kevin: I couldn't find any information about the pay. What could I expect?

Sandy: Well, during your probation period, which is three months, you'd earn £ 6 per hour during the week and eight at the weekend. After your probation you'd get a raise every year of around £ 1. The current limit is £ 10 an hour on weekdays and we'd expect you to work 42 hours per week. Alright, Mr Grant, if you have no further questions, I'd like to thank you for coming. And we will call you shortly and let you know about our choice.

Kevin: Thank you. I hope to see you soon.

Now listen again.

This is the end of part 2.

Part 3

Now turn to part 3, questions 13 to 18 – Phone repair. The display of your smartphone is broken. You call the hotline of a repair shop to find out about their services. Listen to the recorded message and fill in the missing information. The first question is an example. You have 20 seconds to look at part 3. Now we are ready to start. Listen carefully. You will hear the recording twice.

You have reached the Phone Hospital. Unfortunately, you are calling out of office hours. Our shop is open from 8:00 to 6:00 on weekdays and from 10:00 to 3:00 on Saturdays. During these hours you can also reach us by phone. If you are calling for general information, we hope to be able to answer your questions with this announcement. The phone hospital is now located in the Metro Shopping Center. We have closed our shop in Winchester Street. We offer several services, including battery and screen replacements. Before starting the service operation, we perform a thorough check-up procedure with your device and then make a transparent offer for you without any hidden costs. Screen repairs range from 25 to 149 dollars depending on your model. If you need the battery to be replaced, you can expect prices ranging from 29 to 79 dollars. In most cases you can pick up your repaired phone within a short period of time. We repair 99 percent of the phones we receive within a day. The repair may take up to 48 hours if the needed parts are not in stock. All repairs are carried out by our expert technicians. We only use certified high-quality parts for replacement. All our repairs come with a 12-month warranty, so you have nothing to worry about. If you don't live nearby, you can use our pick-up and delivery service starting at $ 19, depending on where you live. For any further questions, please contact us during our office hours. Thank you for calling.

Now listen again.

This is the end of part 3.

Part 4

Now turn to part 4, questions 19 to 24 – Polyglot. You will hear a radio interview with Leyla Skovekolá, who speaks many different languages. Decide whether each statement is true or false. Put a tick in the correct box "true" or "false". The first question is an example. You now have 30 seconds to look at part 4.
Now we are ready to start. Listen carefully. You will hear the recording twice.

Steven: Good morning, listeners, and a good morning to Leyla Skovekolá. She's a polyglot, and … what that is, she's going to tell us now.

Leyla: Good morning, Steven, thanks for having me on the show today. Well, a polyglot is someone who speaks and learns many foreign languages.

Steven: I've got to say – I don't speak any foreign languages, although I took French at school. What languages do you speak, and how did you manage to learn them successfully?

Leyla: I'm a native speaker of Croatian, and, well, obviously I do speak English, which I had at school, but that's not where I actually learned it. I learned it outside of school on my own, with my own methods. That's the way I also acquired Spanish, French, German, Arabic, Japanese, Mandarin and Russian.

Steven: That's impressive! Erm, what do you mean by 'your own methods'? Are schools using the wrong ones?

Leyla: It's hard to say they are wrong, but personally, I've always been bored with the textbooks. My favourite book was 'Harry Potter', so I started to read it in English. At the beginning, I hardly understood anything, but I kept on reading and by the end of the book I was able to follow it with hardly any problems.

Steven: So, you're saying: read what you're interested in. Mm, I'm not a big reader. What should I try to learn a new language? Memorise lists of words?

Leyla: *(Laughs)* If you try to memorise a list of words, for example for a test on the following day, the words will be stored in your short-term memory and you'll forget them after a few days. To learn a language, however, you want to keep words long-term, so you need to revise them in the course of a few days repeatedly. Talk to other people and actually use the words. And if you have no one to talk to, talk to yourself. Also, surround yourself with the language you want to learn. Find content on YouTube that you are interested in. Or watch a series. Of course, you will not understand everything right away, but be a little bit patient – you will see the success and noticing that success motivates me and you to continue learning.

Steven: That sounds useful, but I'm afraid I simply don't have the time to learn a new language.

Leyla: Yes, we're all very busy and no one really has the time to learn languages today, but if we just plan ahead a little bit, we can create that time. Listen to a podcast on your way to work while driving or while you're doing your household chores. In fact, doing chores is suddenly fun and the time flies by.

Steven: Leyla, thank you very much. That was truly inspiring. I also think that some language teachers can learn from that.
And on our show tomorrow, we're talking to Kevin – an adventurer who spent several months working in Costa Rica. Tune in!

Now listen again.

This is the end of the listening part. Good luck for the rest of your examination!